DR. CAMILO CRUZ

El poder de
la acción enfocada

TALLER DEL ÉXITO

"Una vez más, el Dr. Cruz logra conjugar estrategias claras junto con los últimos descubrimientos en el área del éxito personal, en una obra profunda pero fácil de entender, que le permite al lector poner en práctica, de manera inmediata, estrategias para mejorar cualquier área de su vida".
—BRIAN TRACY, best selling author

"Nuevamente el Dr. Camilo Cruz nos muestra de forma directa, amena y sumamente práctica, cómo despertar a la vida y desarrollar nuestro potencial. "El Factor X" encierra las claves para vivir plenamente. Con su estilo claro y directo, Camilo nos vuelve a ofrecer excelentes alternativas para llevar nuestra vida a un nuevo nivel de desempeño y felicidad".
—RAFAEL AYALA, autor y conferencista

"Finalmente, un libro que nos muestra en lenguaje sencillo y fácil de entender el ingrediente principal que caracteriza a toda historia de éxito. El factor X está en cada uno de nosotros y ahora, con la ayuda del Dr. Camilo Cruz, puedes usarlo para alcanzar todo lo que te propongas en la vida. Todo aquel que lea este libro podrá identificarse con él. Su energía y dinamismo son contagiosos y sus mensajes claros y efectivos".
—JULIE STAV,
experta financiera, autora
y conductora del programa: *Tu Dinero*

"El Dr. Camilo Cruz está destinado a hacer una enorme diferencia a través del mundo entero. La visión, sabiduría y entendimiento que comparte a través de sus libros y presentaciones, producen resultados inmediatos en las vidas de aquellos que los ponen en práctica".
—MARK VÍCTOR HANSEN,
co-autor de la serie "Sopa de Pollo para el Alma"

"La pasión y propósito de vida del Dr. Camilo Cruz son ayudar a los demás a utilizar su potencial al máximo y lograr todas las metas y sueños que siempre desearon alcanzar. "El Factor X" nos enseña los principios más fundamentales para vivir nuestra mejor vida ahora. Si actúas y pones estos principios en práctica, tu vida nunca será igual".
—LOUIS BARAJAS,
autor del libro *"El camino a la grandeza financiera"*

"El trabajo del Dr. Cruz es un ejemplo de inspiración y una muestra de esa actitud de nunca darse por vencido. Su habilidad para motivar a otros hacia el logro de sus sueños tendrá un impacto extraordinario en la educación, el liderazgo y el éxito de sus lectores".
—EDWARD JAMES OLMOS,
actor y productor del Latino Book & Family Festivals

"Su presencia en nuestros congresos ha sido muy gratificante y enriquecedora. Su apoyo decidido al sector empresarial, ha sido un factor clave para alcanzar el éxito".

—SABAS PRETEL DE LA VEGA,
Presidente de Fenalco, y Ministro del Interior de Colombia

"Los principios que comparte el Dr. Cruz en sus libros y presentaciones son extraordinarios; no tienen comparación con lo que estamos acostumbrados a ver en el mercado. La productividad de nuestro equipo aumentó significativamente, debido a que creen aún más en lo que hacen y quieren luchar por alcanzarlo".

—MÓNICA ARANGO.
Aventis Pharmaceutical

El Factor X

Editorial Taller del Éxito
1669 N.W. 144 Terrace, Suite 210
Sunrise, Florida 33323, U.S.A.
www.tallerdelexito.com

Editorial dedicada a la difusión de libros y audiolibros de desarrollo y crecimiento personal, liderazgo y motivación.

Diseño de caratula: Diego Cruz

ISBN 13: 978-1-60738-000-9
ISBN 10: 1-607380-00-5

Printed in the United States of America

10 11 12 13 14   R|UH 10 09 08 07 06

ÍNDICE

INTRODUCCIÓN

"Si tratamos de atrapar a dos liebres
al mismo tiempo lo más seguro
es que las dos escapen".
—Proverbio Chino

𝓗ay historias que a pesar de su enorme simplicidad guardan un profundo significado y encierran lecciones que nos obligan a cuestionar creencias que han sido parte de nuestra vida por largo tiempo. Hace algunos años, mientras me encontraba trabajando en otro de mis libros, tuve la oportunidad de reflexionar acerca de uno de esos relatos que nos marcan, dejan huella y cuando menos lo esperas, afloran para regalarnos una vez más la sabiduría que encierran. En ese momento me prometí que un día me serviría de metáfora en alguna de mis obras. Cuando comencé a escribir *"El Factor X"*, supe que el momento de cumplir esa promesa había llegado.

Siempre creí que el trabajo duro y constante era la clave para lograr el éxito. Nada podía sustituirlo y sin él, ningún logro era posible. Sin embargo, con el paso del tiempo comencé a notar que muchas personas trabajan arduamente durante toda su vida y al final, tienen poco que mostrar como resultado de años y hasta décadas de dedicación y esfuerzo continuo.

Era obvio que la fórmula del éxito contaba con un factor mucho más importante que el trabajo duro. Un factor sin el cual nuestro esfuerzo parecía perder su efectividad. Pero, ¿cuál era este factor?

Con el correr del tiempo, esta incansable búsqueda me ofreció un sinnúmero de posibles respuestas, muchas de ellas antagónicas. Encontré que algunas personas atribuyen sus mayores triunfos al factor "suerte". Según ellas, la suerte ha jugado un papel fundamental en su éxito. Otras se quejan de no poder hacer todo lo que quieren debido al factor "tiempo". Para ellas, la falta de tiempo suficiente para lograr todo lo que ambicionan parece ser una gran limitante en sus vidas. Poco después, tuve la oportunidad de ver una entrevista televisiva con una prominente figura política, quien atribuía su derrota en las recientes elecciones al factor "dinero". Según él, la falta de capital suficiente para financiar su campaña fue su talón de Aquiles.

Así, comencé a identificar muchos otros factores que parecen influir considerablemente en la capacidad para lograr nuestros objetivos exitosamente: educación, dinero, oportunidades, tiempo, conocimiento, etc. Todos ellos indudablemente importantes pero, como he podido descubrir, ninguno absolutamente indispensable para triunfar. Muchas personas con poca o ninguna educación escolar triunfan mientras otras con largos años de preparación y estudio no logran salir adelante; aún empresarios con suficientes recursos económicos fracasan en los negocios, mientras otros construyen grandes empresas habiendo empezado con escasos recursos.

Puesto que toda esta investigación no me permitía identificar con absoluta certeza el factor decisivo para triunfar y vivir una vida plena y feliz, temporalmente decidí llamarlo, el *factor "X"*, y me di a la tarea de buscarlo hasta dar con él. Este libro es el resultado de dos décadas de búsqueda que me llevaron a descubrir el extraordinario poder de la acción enfocada.

Fue así como rescaté nuevamente aquella metáfora en la que había trabajado años atrás, la cual quiero compartir ahora contigo. Confío en que ella te ayude a comprender a qué me refiero cuando hablo del *factor X*, y te permita apreciar en toda su dimensión el poder que se genera en nuestro interior cuando sabemos dónde enfocar nuestro tiempo, esfuerzo y energía en lo que queremos lograr.

La historia cuenta que en cierta ocasión un grupo de ingenieros se encontraba realizando el estudio geológico del subsuelo de una zona en la que planeaban construir una carretera de acceso a una remota población y necesitaban determinar la eficiencia y viabilidad del proyecto antes de empezar la obra. Al llegar a cierto tramo del camino se encontraron con lo que en principio parecía un obstáculo imposible de superar: una gigantesca roca atravesada en un punto por donde, necesariamente debía pasar la vía.

No parecía haber manera de desviar el camino sin incurrir en gastos enormes que harían poco viable su construcción, así que decidieron que la única solución era despedazar el gigantesco peñón y removerlo del lugar. Pero como si este no fuera problema suficiente, había una complicación que dificultaba aún más la situación: debido a la localización de la roca y a la inestabilidad geológica del área, el acceso de maquinaria pesada o el uso de explosivos para removerla no eran posibles y tendrían que recurrir a la manera más rudimentaria de llevar a cabo aquella tarea, sin otra ayuda que el uso de un buen mazo y mucha paciencia.

Cuando la compañía anunció que buscaba un contratista local que pudiera realizar el trabajo en un plazo de dos semanas, constructores y obreros locales fueron a la zona a evaluar el proyecto en cuestión, pero a pesar de su interés inicial, pronto lo rechazaron.

Al primero en llegar no le tomó sino unos cuantos segundos de observar la descomunal roca para concluir que esa era una tarea imposible. "Es demasiado grande, no creo que sea posible para una persona lograr lo que ustedes quieren", dijo con desdén y se marchó prontamente. El siguiente contratista no vio la tarea como algo imposible de realizar. "Puede hacerse", declaró con cierta seguridad, "pero no me atrevo a asegurar que yo sea la persona ideal para llevar a cabo este trabajo".

La próxima persona en evaluar el proyecto tomó un poco más de tiempo examinando el terreno, pero al final llegó a la misma conclusión: "No es imposible, y en otras circunstancias yo estaría en capacidad de lograrlo", expresó con firmeza. "Sin embargo, sin los recursos y equipo necesarios para hacerlo va a ser imposible".

El más cínico de todos, inventó mil excusas y se marchó de inmediato, no sin antes exclamar con marcado sarcasmo: "¡Imposible! ¿A quien se le ocurre construir una carretera en este lugar? Lo mejor es olvidarse de esa locura y dejar las cosas como están".

Durante los primeros dos días, todos los que evaluaron el proyecto, lo rechazaron. Era sencillamente una tarea imposible o, en el mejor de los casos –si era

posible— prometía ser tan difícil y tediosa, particularmente para completarse en dos semanas, que no valía
la pena embarcarse en tal faena.

Sin embargo, cuando todo parecía estar perdido, apa-
reció un joven, quien después de examinar cuidadosamente la roca, acudió a los ingenieros y les informó que, no sólo
era posible, sino que él era la persona ideal para realizar
tal labor. No contaba con la experiencia de los demás,
pero estaba dispuesto a aceptar el reto porque intuía que
la culminación exitosa de un proyecto de tal magnitud,
colocaría su nombre en alto y su negocio prosperaría.

Al enterarse de las dificultades manifestadas por
los anteriores contratistas, el joven emprendedor afirmó
con confianza: "Sé que no será tarea fácil; sin embargo,
siempre he creído que si encaramos las cosas difíciles
con arrojo y prontitud, las imposibilidades suelen resolverse por sí solas". Entusiasmados con su optimismo,
y al no tener otra opción, los ingenieros decidieron contratar al joven, no sin antes advertirle que si el trabajo
no se completaba en las dos semanas pactadas, no se le
pagaría un sólo centavo por el esfuerzo realizado.

Al día siguiente, el joven acudió al lugar a estudiar
más detenidamente el inmenso peñón, buscando identificar el punto exacto donde enfocar todo su esfuerzo. Tras
largo rato, el muchacho tomó un tizón, marcó una "X"
en uno de los lados de la roca y se dispuso a comenzar la
tarea inmediatamente. Sabía que aquello no sería cosa
de uno o dos días, y que debía trabajar arduamente si

quería completar este encargo en el plazo convenido. Así que alistó su mejor mazo, desarrolló un plan de acción, organizó su horario de trabajo y comenzó la faena.

El joven tenía claro que a menos que pusiera manos a la obra a la mayor brevedad posible, todo su esfuerzo habría sido en vano. Sin embargo, lejos de desanimarlo, el gran desafío que aquello suponía, pareció motivarlo a empezar prontamente y con mayor empeño su trabajo.

Día tras día venía con su mazo y le propinaba cientos de golpes a la gigantesca roca, asegurándose de concentrar todo su esfuerzo en el punto que había marcado desde un principio. Y pese a que nada parecía estar sucediendo, ni se advertía progreso alguno, su voluntad nunca desfalleció y en ningún momento sucumbió a la tentación de cambiar el punto en el cual había decidido concentrar su esfuerzo.

Después de tres días de insistente labor, su terca persistencia terminó por llamar la atención de los vecinos de la zona. Algunos —los que habían rechazado el proyecto— comenzaron a darse cita en el lugar para observar con burlona impaciencia la testarudez y obstinación de este joven que se rehusaba a darse por vencido. Y mientras él trabajaba, con la seguridad que obtendría una buena paga, ellos preferían disipar su tiempo criticando su decisión de aceptar tal reto. Pese a las burlas, su confianza no flaqueó; ignorando las críticas y negándose a escuchar a quienes buscaban disuadirlo de su compromiso, continuó entregado a su labor, aún *después de enterarse que quienes lo habían contratado ya habían comenzado a realizar planes alternos ante la evidente imposibilidad de despejar el camino.*

Una mañana, como de costumbre, el joven llegó temprano a su trabajo y aunque sólo le quedaban unas pocas horas más, antes que venciera el plazo asignado para alcanzar el objetivo, tomó el mazo y se dispuso a reanudar su faena con el mismo entusiasmo con que lo había venido haciendo hasta ese momento. Sus críticos más duros se encontraban allí desde temprano, ansiosos de presenciar el instante en que él tuviera que aceptar su derrota y capitular sin haber logrado su cometido ni haber recibido paga alguna, después de todos esos días de enorme esfuerzo. Pero él tenía una meta clara y no estaba dispuesto a renunciar a ella cuando el éxito podía encontrarse a la vuelta de la esquina.

De repente, ante las miradas incrédulas de todos los allí presentes, después de dar el primer golpe, sorprendentemente la roca se partió en dos pedazos, despejando el camino. Quienes habían acudido aquella mañana por primera vez a ver al joven, no podían creer que la roca se hubiese partido después de un solo golpe.

Haciendo caso omiso al bullicio que se había generado entre los espectadores como consecuencia del súbito desenlace, y con evidente placer por haber logrado finalmente los resultados que se había propuesto, el joven tomó su mazo y partió para informar sobre la finalización del trabajo que se le había encomendado.

Esta sencilla historia nos deja varias enseñanzas de enorme trascendencia sobre el asombroso poder de la acción enfocada –*el factor X*—.

La primera de ellas es quizá la más obvia. En la vida, es posible encontrar gente cuya actitud se asemeja a la de quienes evaluaron el proyecto y lo declararon imposible. Para ellos, su roca puede ser una meta de tal magnitud que se ve como algo demasiado ambicioso; también puede tratarse de un problema aparentemente imposible de solucionar, o uno de esos sueños o anhelos "irrealizables" que a veces se nos meten en la cabeza y no nos dejan tranquilos hasta que los hagamos realidad; quizá sea simplemente esa interminable lista de actividades y obligaciones que debemos realizar diariamente, que de solo pensar en ella nos provoca pánico y angustia.

Independientemente de cuál sea la roca que tengan frente a sí, hay quienes la considerarán demasiado grande e imposible de conquistar. Son ellos los que utilizan expresiones como: "Este problema es demasiado grande, va a ser imposible solucionarlo", "La meta es exagerada, no creo que sea factible alcanzarla", "Tengo demasiadas cosas por hacer, es impensable lograrlo todo en un solo día", y se dan por vencidos sin tan siquiera haber empezado.

Es posible que otros no vean la meta o el reto que enfrentan como irrealizables, pero no sienten que ellos sean las personas indicadas para alcanzarlos; se sienten incapaces o incompetentes para llevar a cabo lo que deben ejecutar porque no creen poseer el talento o las habilidades para lograrlo; es común escucharlos utilizar expresiones como: "No soy la persona indicada para ese trabajo", "Yo no sirvo para eso", "Es factible que otros puedan lograr esa meta, pero está muy por encima de mis capacidades reales".

También existen los que ven el reto que tienen en frente como algo viable de conquistar, e inclusive creen contar con las habilidades para enfrentarlo, pero temen no contar con los recursos necesarios; sienten que tal vez, "bajo otras circunstancias hubiera sido posible, pero no ahora", porque argumentan no tener a su disposición "los medios ni el tiempo suficientes para hacer bien las cosas", entonces ¿para qué intentarlo?

Finalmente, también es posible encontrarnos con quienes ni siquiera desean detenerse a examinar si la meta que se encuentra frente a ellos es realizable o no, ni se preocupan en pensar cuál puede ser la posible solución al reto que afrontan; poco les interesa saber si cuentan con los recursos o las habilidades necesarios para superarlo; están tan preocupados por sobrevivir, que no tienen tiempo para considerar nuevos retos. Así que viven sus vidas evitando cualquier situación que pueda demandar un esfuerzo mayor, siguiendo el camino de la menor resistencia, conformes con hacer lo mejor que puedan, mientras eso no les exija demasiado trabajo.

Sin embargo, al igual que el joven de nuestra historia, también hay quien sueña un gran sueño, que posee una meta extraordinaria o enfrenta un reto particularmente difícil, y en lugar de sentarse a pensar si es posible o no, si está capacitado para ello, si tiene los recursos necesarios, simplemente actúa.

La segunda gran enseñanza que nos deja el relato, tiene que ver con el poder de la perseverancia. Para entender esta lección debemos preguntarnos: ¿Fue el último golpe el que en realidad rompió la roca?

La respuesta no siempre es tan obvia como en principio se prevé, porque lo cierto es que el último golpe *no* fue y *sí* fue el que partió la roca. *No* fue, en el sentido que ya había una acumulación de cientos de golpes que poco a poco fueron debilitando su interior. Y *sí* fue, en cuanto a que si el día anterior el joven hubiera decidido renunciar a su empeño, ante la aparente falta de progreso, nunca hubiese logrado su cometido, ni descubierto qué tan cerca estaba de lograr su propósito. Bien decía Emerson: "El verdadero fracasado es aquel que renuncia a su meta sin darse cuenta cuán cerca se encontraba de hacerla realidad".

Sin embargo, la lección más importante es quizá la que nos revela los factores que le permitieron al joven lograr tan asombrosa hazaña. Cuando pregunto esto en mis conferencias, las respuestas más frecuentes que recibo se relacionan con el optimismo, el ánimo y la persistencia del joven. Sin embargo, un factor que con frecuencia se le escapa a la mayoría de los asistentes tiene que ver con la decisión que él tomó para concentrar todo su esfuerzo y energía en un mismo punto, sin perder el enfoque hasta lograr su cometido —¡Ese es *el factor X!*—.

Es muy probable que su tenacidad y paciencia no hubieran dado los mismos resultados, si ante la aparente falta de progreso él hubiese comenzado a golpear la roca por todos los lados con desesperación. Pero él enfocó su esfuerzo en un solo lugar y el poder de la acción enfocada y constante se encargó de devolverle los resultados que buscaba.

La naturaleza misma nos da muestra de este poder. La acción enfocada de una gota de agua, día tras día, con el tiempo puede llegar a romper la roca más fuerte. Pero la persona promedio desconoce o ignora esta increíble fuerza; si no obtiene resultados inmediatos, cambia rápidamente su curso; es demasiado impaciente y la falta de enfoque disipa su esfuerzo y diluye el poder de sus acciones; es fácil reconocerla porque trata una nueva estrategia de éxito cada semana, pero pronto pierde el ánimo y abandona sus planes. No permitas que esto te suceda.

Lamentablemente, con frecuencia muchas personas actúan de manera opuesta a la del joven de nuestra historia, y de esa forma labran su propio fracaso. Buscan desesperadamente el "golpe de suerte" que de un solo envión les abra las puertas del éxito.

Personas con esta mentalidad viven obsesionadas con encontrar el camino más corto a la felicidad, la fórmula mágica que les devolverá su figura ideal, la manera más fácil para lograr sus sueños, la idea original que las hará ricas y famosas de la noche a la mañana; lo quieren todo, pero lo quieren ya mismo y no están dispuestas a aprender o esperar; de hecho, aprenden muy poco del triunfo de otros porque son incapaces de reconocer en los demás los atributos y las razones que las condujeron al éxito. Cuando escuchan la historia de algún emprendedor que lanzó un producto al mercado y repentinamente este se popularizó disparando las ventas y convirtiendo a su creador en multimillonario, les oyes decir: "Qué suerte la de aquel", "Le llegó fácil el éxito", "Si yo pudiera tener una sola idea como esa…".

Según ellos, el éxito de aquella persona sucedió de la noche a la mañana, fue un golpe de suerte, el resultado de haber estado en el sitio correcto en el momento preciso. Son como los que aquella mañana en que el joven finalmente rompió la roca, asistían a verlo por primera vez. No pueden creer que todo lo que se haya necesitado fuera un solo golpe.

Muchos con esta manera de pensar desconocen todo el esfuerzo que estos emprendedores han realizado con anterioridad, y prefieren vivir con la ilusión, o el delirio, de que si esperan lo suficiente, un día será su turno y les llegará su golpe de suerte. ¡Así que se sientan a esperar! Ignoran que quizá, al igual que el joven de nuestra historia, aquel emprendedor lleva años inventando, desarrollando y lanzando al mercado producto tras producto sin mayores éxitos, pero que lejos de desanimarse, ha enfocado aún más su empeño, aprendiendo de sus errores y persistiendo sin desfallecer hasta ver recompensado el fruto de su trabajo.

A lo largo de este libro descubrirás ideas, estrategias y técnicas muy precisas que te permitirán determinar dónde enfocar tu esfuerzo, cómo sacar el mayor provecho de él y qué hacer para persistir en tu empeño hasta lograr lo que te has propuesto.

Cada capítulo encierra una valiosa lección sobre el poder de la acción enfocada. Asegúrate de aprenderla antes de seguir adelante. Al final de cada sección encontrarás una acción enfocada que puedes poner en práctica inmediatamente. También tienes un espacio para que escribas tu *factor* "X": una decisión, acción específica o compromiso que te permitan crear la vida que siempre has soñado vivir. Te recomiendo que busques una libreta o agenda personal donde tomes notas, detalles las metas que te propones lograr y lleves un diario de tu progreso en este viaje de autodescubrimiento. ¡Comencemos!

CAPÍTULO

DÓNDE MARCAR TU "X"

---

*"Es imposible confiar en la veracidad de lo que ven
nuestros ojos si nuestra mente está desenfocada".*
—Mark Twain

...Tras largo rato, el muchacho tomó un tizón, marcó una "X" en uno de los lados de la roca y se dispuso a comenzar la tarea inmediatamente.

Como si una metáfora no fuese suficiente para ilustrar el principio de la acción enfocada, mientras escribía este libro recordaba una historia que escuché hace varios años en San Diego, California, de mi buen amigo Brian Tracy, quien es uno de los escritores y conferencistas más reconocidos a nivel mundial en el campo del desarrollo personal y profesional.

La anécdota relata que en cierta ocasión se presentó un grave problema técnico en una planta nuclear que producía la energía eléctrica de una gran parte de la región. La eficiencia de toda la operación se vio seriamente afectada y la compañía estaba perdiendo diariamente cientos de miles de dólares. Los ingenieros de planta no lograban identificar el daño a pesar de haber inspeccionado, evaluado y examinado los cientos de circuitos, componentes y sistemas sin éxito alguno.

Puesto que las pérdidas ya ascendían a sumas muy cuantiosas, la compañía optó por contratar los servicios del experto en construcción y mantenimiento de plantas nucleares, más reconocido de la industria.

Cuando el consultor llegó, tomó una libreta y durante el resto del día caminó por cada rincón de la planta, mirando y examinando cada botón, cada circuito, llave, interruptor, palanca y válvula, deteniéndose ocasionalmente a tomar notas sobre lo que veía, soltando de vez en cuando un reflexivo "ajá", lo cual impacientaba aún más a los dueños de la planta, quienes seguían cada uno de sus movimientos a la expectativa que desmontara alguno de los paneles computarizados o generadores para realizar una inspección más a fondo.

Al final del día, el técnico tomó un marcador, se dirigió a uno de los paneles y marcó una "X" en una de las válvulas. Posteriormente se volvió a los dueños y les dijo: "Aquí está su problema; reemplacen esta válvula y la planta volverá a funcionar correctamente", y seguidamente partió hacia el aeropuerto. Tanto dueños como técnicos estaban algo desconcertados ya que habían revisado todas las válvulas y estaban seguros que ahí no estaba el problema. Sin embargo, desarmaron el panel indicado y cambiaron la válvula; para sorpresa y beneplácito de todos la planta volvió a trabajar perfectamente.

La tranquilidad y la paz volvieron a reinar en la planta... hasta la semana siguiente cuando llegó la cuenta del experto: ¡Diez mil dólares por "servicios prestados"!

El director no sólo estaba sorprendido por la astronómica cantidad, sino indignado por la osadía de aquel personaje; después de todo, lo único que había hecho era tomar algunas notas, soltar un "ajá" de vez en cuando y marcar una "X"; claro que el problema se había solucionado, pero diez mil dólares parecía una suma demasiado elevada; así que decidió enviarle un comunicado pidiéndole que explicara en detalle los "servicios prestados" que sumaban la cantidad exigida, anotando que el hecho de marcar una "X" no podía valer tan alta suma.

Días más tarde recibió una nueva factura detallada donde el consultor indicaba:

Por marcar la "X" en la válvula.........................$ 1
Por saber en cuál válvula marcarla.................$ 9.999
Total..$10.000

Esta sencilla historia ilustra uno de los factores que con mayor frecuencia parece eludir inclusive a muchas personas emprendedoras que genuinamente desean triunfar y ser felices: saber dónde enfocar su esfuerzo –marcar la "X"– en cada una de las áreas de su vida.

Y muchos de ustedes se preguntarán: "Pero acaso, ¿no son los emprendedores quienes, supuestamente, siempre saben para dónde van? ¿No son ellos los que, invariablemente, parecen tener siempre claro su norte y saben los objetivos que persiguen?"

La verdad es que muchas veces las personas emprendedoras suelen ver tantas oportunidades a su alrededor y generalmente tienen tantas metas por realizar, que en ocasiones les es difícil decidir qué hacer y por dónde empezar. Sienten que hay tanto por hacer y tan poco tiempo para lograrlo, que al tratar de hacerlo todo, con frecuencia terminan frustradas, deseando contar con más horas en su día para poder llevar a cabo todo lo que anhelan.

Es por esto que muchas de estas personas terminan por creer que su mismo espíritu emprendedor las lanza en tantas direcciones y demanda tanto tiempo y energía que al final del día se encuentran agotadas, preguntándose si todo ese esfuerzo vale la pena, sintiendo que pese a tener grandes metas y ser altamente efectivas, experimentan tanto estrés y angustia como la persona que no tiene la menor idea de hacia dónde va.

La lección es sencilla: hasta la persona más eficiente y emprendedora puede terminar jugando a la "gallina ciega" en su vida si no logra determinar con precisión dónde enfocar su esfuerzo y energía. No es suficiente estar dispuesto a hacer cuanto sea necesario, debemos tener absoluta claridad con respecto a lo que deseamos alcanzar, por qué queremos lograrlo, en qué dirección debemos movernos, y si las metas que perseguimos van de acuerdo con nuestro propósito de vida. Cuando actuamos de esa manera, adquirimos la sabiduría de aquel consultor experto que rápidamente logra identificar la causa del problema, sabe qué hacer y le da pronta solución.

De no ser así, nuestro comportamiento sería como el del consultor inexperto que al no saber qué hacer o por dónde empezar dice: "Vamos a cambiar está válvula a ver si se soluciona el problema; si no mejora la situación cambiamos la siguiente hasta que encontremos la dificultad"; o algo como: "Lo mejor es cambiar todas las válvulas para asegurarnos que no es ahí donde está el inconveniente"; o sino: "Lo más prudente es construir una nueva planta puesto que esta ya no sirve"; o "No hay nada que podamos hacer y lo mejor es aceptar que ya no podremos ser tan eficientes como antes y bajar los estándares que antes manejábamos".

Muchas personas viven su vida de esa manera. Se hallan permanentemente agobiadas por la multitud de actividades de dudosa relevancia que saturan sus días y que les quitan espacio para sí mismas. Les angustia la posibilidad de estar desperdiciando su vida en el trabajo o la relación equivocados, y una crítica es suficiente para hacerles renunciar a sus objetivos o dudar de los propósitos que se han trazado. Quizás tú conoces a alguien en esa situación; tal vez tú mismo te has encontrado así en algún momento. ¿Qué puedes hacer? El primer paso es saber dónde marcar la "X" en cada área de tu vida.

¿Te has puesto a pensar cómo transcurriría tu vida si antes de llevar a cabo la multitud de actividades que suelen ocupar cada minuto de tu día, pudieras determinar con absoluta certeza la actividad que agregará mayor valor a ese día y te proporcionará más satisfacción? ¿Cómo afectaría tu productividad personal el poder enforcar en ella todo tu esfuerzo? ¡Imagínate que pudieras eliminar la multitud de trivialidades innecesarias que congestionan tu día y pudieras dedicar tu tiempo a lo verdaderamente prioritario!

Piensa por un momento cómo sería tu vida si después de hacer una lista de todos los sueños que alguna vez has deseado alcanzar, pudieras identificar con total seguridad el que más felicidad te traerá, de manera que puedas marcarlo con una "X" y saber que esa es tu mayor prioridad. Ahora, imagínate haciendo lo mismo con la meta que mayor éxito traerá a tu vida, la actividad que más contribuirá a tu productividad personal, la persona que más influirá de manera positiva en tu campo profesional, y el hábito que, de ser adquirido, será responsable de un mayor número de triunfos y satisfacciones. Piensa en lo que sería tener esa capacidad de enfoque en todas las áreas de tu existencia.

Lamentablemente la mayoría de nosotros vive una realidad muy distinta a esta que acabo de describir. Actuamos, sin saber si lo que estamos haciendo nos está acercando a nuestras metas o no. Perseguimos sueños que otros creen que debemos perseguir sólo para descubrir más adelante que no eran lo que buscábamos. Al final de cada jornada, exhaustos por la cantidad de tareas, quehaceres y diligencias que han ocupado cada segundo de nuestro tiempo, nos preguntamos: "¿Qué hice hoy?", mientras contemplamos con desasosiego que mañana tendremos otro día de *lo mismo*.

¿Qué sucedería si antes de tomar cualquier decisión o salir tras una meta, como por arte de magia, una luz te mostrara el camino que debes seguir y que te permitirá disfrutar niveles de éxito, felicidad y prosperidad que nunca has imaginado?

Esa habilidad para determinar la actividad adecuada a realizar, el sueño ideal o el camino indicado a seguir de entre todas las opciones que podamos tener a nuestra disposición es lo que yo llamo el *factor X*.

No es simplemente el poder de la "acción", sino de la "acción enfocada" el que nos permitirá canalizar nuestro esfuerzo, encauzar nuestras acciones hacia la realización de un propósito definido para aprovechar nuestros talentos y potencial al máximo, de manera que tengamos siempre la certeza de estar trabajando en lo que es prioritario en nuestra vida.

Cuando somos incapaces de enfocar nuestro esfuerzo en el logro de un objetivo claro, nuestro trabajo suele ser ineficiente e improductivo. Pero si logramos enfocar nuestras acciones podremos lograr resultados extraordinarios.

Acción enfocada:

El gran poder de la acción enfocada es consecuencia de saber dónde marcar la "X" en cada área de tu vida. Sólo entonces podrás enfocar todo tu esfuerzo en llevar a cabo las cosas que te traerán mayor éxito y satisfacción. En tu libreta responde la siguiente pregunta de la manera más clara posible: ¿Si pudieras lograr sólo un gran sueño, una sola meta, deseo, o como prefieras llamarlo, en cada área de tu vida, cuál escogerías?

Asegúrate de incluir por lo menos un objetivo que responda a cada una de las siguientes siete áreas: tu vida familiar, espiritual, profesional y social; luego enfócate en tus finanzas, tu faceta recreativa y tu salud.

El factor "X"

Hoy me comprometo a: _____

X - Tener mas Paciencia con Mishijas
X - orar mas leer la biblia Todoslosdias
X - Capasitarme como lider
X - Conoser Jente nueva
X - No mal gustar en cosas inutiles
X - Caminar

2

EL TIEMPO Y LA ACCIÓN ENFOCADA

"Si en verdad amas la vida no derroches tu tiempo, porque el tiempo es la materia prima de la cual la vida está hecha".
—Benjamín Franklin

...Entusiasmados con su optimismo, los ingenieros decidieron contratar al joven, no sin antes advertirle que si el trabajo no se completaba en las dos semanas pactadas, no se le pagaría un sólo centavo por el esfuerzo realizado.

*E*xiste una relación íntima entre el concepto de "tiempo" y el principio de la "acción enfocada". En este capítulo veremos cómo es el tiempo el que le da su verdadero valor a cada una de nuestras acciones. Sin embargo, para entender mejor esta relación debemos empezar por aclarar el significado de estos dos conceptos.

El Diccionario de la Lengua Española define la palabra "enfocar" como: "Centrar en el visor de una cámara la imagen que se quiere obtener", "Dirigir la atención o el interés hacia un asunto o problema, para tratar de resolverlo acertadamente", "Proyectar un haz de luz sobre un determinado punto".

De hecho, esta última definición da pie a un excelente ejemplo que ilustra el efecto de la acción enfocada; el conocido experimento que muchos de nosotros hemos realizado alguna vez, de focalizar los rayos del sol con una lupa o un cristal sobre un papel o un montón de hojas secas. Es increíble ver cómo podemos producir fuego con tan sólo hacer converger los rayos solares en un punto fijo sobre el papel. Mantén el lente en movimiento o desenfoca el rayo de luz y nada ocurre, pero concentra el poder del rayo de luz y mantenlo en un solo punto y en cuestión de segundos la energía enfocada produce los resultados esperados.

Ese mismo poder nos puede ayudar a enfocar nuestro esfuerzo y energía hacia la realización de cualquier objetivo concreto que deseemos alcanzar. Lo único que debemos hacer es determinar con absoluta claridad dicho objetivo, canalizar nuestro potencial hacia él y mantener una actitud firme y constante hasta lograr lo que nos hemos propuesto. Pero cambia constantemente tu meta u objetivo, desenfoca tu esfuerzo, o sé inconstante en tu actuar, y nada ocurrirá.

En lo que respecta al "tiempo", Albert Einstein dio quizás una de las definiciones más prácticas sobre este concepto. Él propuso que los eventos que ocurren en nuestra vida y el tiempo están profundamente ligados, y que estos eventos son en realidad la sustancia o esencia del tiempo. Basado en esta premisa, definió el tiempo como una secuencia de eventos —una continuidad— en la que estos eventos, sucesos o acontecimientos, ocurren uno tras otro del pasado al presente al futuro.

En otras palabras, la unidad básica del tiempo no son los minutos, ni las horas, como hemos aprendido en física, sino los eventos. Todo lo que hacemos, toda actividad, todo período de tiempo que transcurre, independientemente de que estemos haciendo algo productivo con él o no, es un evento. Así que cuando hablamos de administrar nuestro tiempo, a lo que verdaderamente nos estamos refiriendo es a administrar los eventos que forman parte de nuestra vida, que no es más que administrar nuestra manera de actuar.

Sin duda, es mucho más fácil observar los resultados de la acción enfocada cuando hablamos de una meta a muy corto plazo, ya que el proceso de identificar claramente el objetivo que se persigue y determinar los recursos disponibles se facilita mucho más. Además, el esfuerzo y la constancia son más llevaderos a corto plazo, que cuando el logro de dicho objetivo puede tomar meses o años. Sin embargo, es con nuestras metas a largo plazo y con nuestro propósito de vida donde la aplicación de la acción enfocada logra cambios verdaderamente significativos.

Me di cuenta de esto por primera vez en 1993, durante el transcurso de un congreso en el cual participaba, en el que se discutían diferentes estrategias para aumentar la productividad y la efectividad personal. El primer conferencista del día formuló la siguiente pregunta a la audiencia: "¿En qué emplearías tu tiempo si supieras que sólo tienes diez años más de vida?"

Yo odiaba ese tipo de cuestionamientos hipotéticos porque me parecían una manera fatalista de ver la vida. ¿Cómo responder a este nefasto interrogante con absoluta objetividad? "Y aunque algo positivo saliera de dicha respuesta", pensaba yo, "esa no era manera de darle dirección a nuestra vida".

Mi primera reacción fue levantar la mano y pedirle al disertante un par de opciones entre las cuales escoger pues al igual que muchos de los presentes, yo sentía que esta era una de esas decisiones que era preferible dejársela a otro que tomarla uno mismo. No estaba en ese momento con ánimos para decidir si aprovechaba mis últimos años de vida en realizar algo generoso y altruista con la humanidad o si los empleaba en divertirme y darme gusto hasta el último segundo.

Sin embargo, después de pensar en ello unos momentos, me di cuenta no sólo del gran reto que dicho cuestionamiento planteaba, sino que comprendí de dónde viene el poder de la acción enfocada: cuando el tiempo es limitado las prioridades cambian.

Cuando creemos contar con todo el tiempo del mundo no nos preocupamos demasiado por enfocar nuestras acciones y asegurarnos que nuestras actividades sean siempre coherentes con nuestros valores y propósito de vida. Pero entre menos tiempo tenemos, más lo valoramos, menos tendemos a desperdiciarlo y más buscamos asegurarnos que estemos enfocando nuestras acciones en aquello que consideramos prioritario. En síntesis, lo que le da su verdadero valor al tiempo es su escasez.

Quizás por esto, Benjamín Franklin solía decir: "Si en verdad amas la vida no derroches tu tiempo, porque el tiempo es la materia prima de la cual la vida está hecha".

Es común escuchar la expresión "el tiempo es oro", pero lo cierto es que el tiempo es mucho más que eso, el tiempo es la vida misma. No me cabe la menor duda que el tiempo es el bien más valioso que poseemos, y que del buen uso que le demos depende en gran parte nuestro éxito en la vida.

El poder de la acción enfocada es el resultado de determinar con exactitud lo que queremos lograr (la válvula donde marcar la "X"), y administrar con efectividad el recurso más importante que tenemos a nuestra disposición: el tiempo. ¿Cómo logramos esto? Simplificando nuestro día, delegando o eliminando actividades de baja prioridad; identificando nuestros talentos y fortalezas, desarrollándolos y asegurándonos que estamos haciendo el mejor uso de ellos. Sólo así tendremos siempre la certeza de estar trabajando en lo prioritario de nuestra vida.

No obstante, debemos tener claro que la esencia de la administración del tiempo no está en vigilar nuestro reloj constantemente, en mantener horarios rígidos, o en completar cualquier tarea en el menor tiempo posible. La verdadera esencia de la administración del tiempo está en asegurarnos que las actividades que ocupan nuestro diario vivir nos están acercando a la realización de los sueños y metas que hemos elegido perseguir. Es vivir una vida de total correspondencia entre nuestras acciones y los valores y principios que deseamos que gobiernen nuestra existencia.

Si te detienes a analizar este concepto, encontrarás que tanto el triunfador como el fracasado cuentan con 24 horas en sus días y que la mayor diferencia entre ellos radica en la manera en que administran y emplean su tiempo, algo a lo que muy pocas personas le prestan suficiente atención. La inmensa mayoría prefiere no pensar en ello y tiene una idea totalmente errada acerca de lo que significa actuar de manera enfocada. Creen que el hacerlo le quita la libertad y la espontaneidad a la vida, o les priva de la creatividad que demanda su trabajo o profesión. Pero es todo lo contrario: cuando enfocamos nuestro esfuerzo e invertimos nuestro tiempo en lo que es verdaderamente importante para nosotros es cuando somos realmente libres.

Otras personas creen que la razón por la cual les resulta difícil enfocar su esfuerzo en el logro de metas puntuales es porque simplemente hay demasiadas urgencias y crisis que no pueden prever, que les impiden la implementación de un plan para administrar su tiempo de manera eficaz, pero se rehúsan a aceptar que ellas mismas son quienes se han encargado de fabricar la mayoría de las urgencias que enfrentan a diario.

Sin duda, hay ciertas cosas que no podemos prever; emergencias que salen a flote por sí solas y que demandan atención inmediata, muchas veces a costa de sacrificar nuestros planes. No obstante, la urgencia típica que apremia de manera constante a muchos, es el resultado de la pobre planeación, la dilación o la ausencia de proactividad en nuestra manera de actuar.

Sin embargo, la razón que con más frecuencia se utiliza como argumento de por qué es tan difícil planear nuestro tiempo —a pesar de lo absurdo que pueda parecer— es que "no hay tiempo para planear". ¿Puedes imaginarte esto? La persona promedio asevera que la razón por la cual no planea su día es porque no tiene tiempo para hacerlo. Es igual a decir que estamos demasiado enfermos para ir al médico o que nos encontramos demasiado endeudados para pensar en controlar nuestros hábitos de compra. No tiene sentido.

Si no estamos planeando nuestro éxito activamente, estamos planeando nuestro fracaso. Pero ten la seguridad que estamos trabajando para lograr lo uno o lo otro. Todo en la vida son decisiones entre diferentes alternativas y nuestro éxito depende precisamente de la clase de decisiones que tomemos. Si no estamos trabajando con un plan de acción que nos permita ser más efectivos, habremos puesto nuestro día, nuestras metas y nuestra productividad a merced de circunstancias externas y habremos renunciado a ejercer el control sobre nuestra vida.

Acción enfocada:

La persona promedio emplea más tiempo planeando sus vacaciones del que emplea planeando su vida. Las personas no fracasan porque deliberadamente planearon su fracaso, sino porque nunca tomaron el tiempo suficiente para planear su éxito. No olvides que las horas mejor invertidas son aquellas que empleas determinando cómo utilizar tu tiempo de la manera más efectiva, en el logro de tus prioridades más importantes. Toma hoy la decisión de invertir suficiente tiempo cada día, en examinar si lo que estás haciendo te está conduciendo al lugar al cual deseas llegar.

El factor "X"

Hoy me comprometo a: Planear mi tiempo en ser mas efectiva en mis metas

3

TU OBRA MAESTRA

"He aquí una manera rápida de determinar si ya cumpliste tu misión en la vida. Si aún estás vivo, todavía no has terminado".
—Richard Bach

> *...Sin embargo, cuando todo parecía estar perdido, apareció un joven, quien después de examinar cuidadosamente la roca, acudió a los ingenieros y les informó que, no sólo era posible, sino que él era la persona ideal para realizar tal labor.*

*G*eneralmente, cuando hablo de enfocar nuestro esfuerzo y administrar nuestro tiempo, lo primero que muchos piensan es que vamos a discutir los pormenores del uso adecuado de nuestra agenda de actividades diarias, o a examinar diferentes estrategias para organizar nuestro horario de manera que podamos ser más productivos. Creen que el objetivo principal es uno solo: cómo lograr más en menos tiempo.

Pero lo cierto es que la acción enfocada es mucho más que eso. Es asegurarnos que utilizamos nuestro recurso más importante para realizar las cosas que son prioritarias para nosotros. No es convertirnos en esclavos del reloj, ni vivir estresados porque los demás parecen siempre llegar tarde a nuestras reuniones, o ser tan productivos en nuestro trabajo que tenemos tiempo para todo menos para nosotros mismos. Tampoco es hallarnos en un estado de angustia constante debido a que nuestro sistema de administración del tiempo no nos deja respirar y sentimos que no podemos tomar un descanso sin sentirnos culpables.

La acción enfocada no tiene que ver con ninguna de estas ideas erróneas. Por el contrario, se refiere a ocupar nuestro tiempo en ser felices, en asegurarnos que estamos trabajando en materializar nuestros sueños y en vivir nuestra vida de acuerdo con nuestros valores y principios.

Ahora, para los empresarios o ejecutivos que puedan estar leyendo este libro y ya se están empezando a impacientar porque todavía no he mencionado nada sobre cómo tener reuniones de trabajo altamente productivas, o debido a que aún no he discutido el correcto uso de las agendas y los organizadores electrónicos, déjenme decirles que a menos que estemos haciendo lo que amamos y disfrutando el hoy, ninguna de estas herramientas les ayudarán a ser más efectivos.

El objetivo de este libro no es enseñarte cómo tener todos los aspectos de tu vida bajo control, ya que eso es imposible. No importa cuánto tratemos, no van a faltar los días en que el tráfico haga que lleguemos tarde a una entrevista con un cliente; otros días lloverá y tendremos que cambiar o cancelar nuestros planes. Esa es la vida, está llena de sorpresas e imprevistos.

Vas a descubrir que cuando estaba todo perfecto con tu trabajo ideal, tu compañía anuncia que va a cerrar las puertas y estarás sin trabajo nuevamente. Y de repente tu vida perfecta parece derrumbarse ante tus ojos sin que puedas hacer nada al respecto. La vida no es predecible, no siempre te da lo que buscabas, ni lo que querías, ni lo que merecías. Esa es la realidad.

Ningún libro –incluido este– te podrá mostrar cómo construir la vida perfecta, a prueba de errores, caídas o imprevistos. Así que la primera receta para disfrutar del poder de la acción enfocada es decidir de una vez por todas que buscarás ejercer control sólo sobre lo que sí puedes controlar y no permitirás que lo que no puedes controlar, rija tu vida.

La persona promedio emplea la mayor parte de su vida debatiéndose entre "tener que hacer lo que cree que debe hacer" y "soñar con hacer lo que verdaderamente quisiera hacer". Y después de esta lucha constante llega a convencerse que en la vida nada es completo y que si quiere triunfar en su profesión, seguramente será sacrificando la relación con su pareja, o que si quiere mejorar su situación financiera, con seguridad será a costa de su salud.

Ella prefiere aceptar que aunque sería muy bueno poder tener tiempo suficiente para hacer todo lo que quiere, lamentablemente eso es imposible y las 24 horas del día simplemente no son suficientes. Concluye que a pesar que sería fantástico poder lograr hacer lo que ama y amar lo que hace, eso es una simple fantasía y que el querer vivir una vida balanceada y ambicionar sacar tiempo para todo es absurdo, y no hay nada que ella pueda hacer al respecto.

Esta escena que acabo de describir es más común de lo que crees. Quizás, tú conoces a alguien que está viviendo este drama en este preciso momento. O posiblemente tú mismo lo estés viviendo. Si ese es el caso, quiero decirte que no tiene por qué ser así. No sólo es viable vivir una vida balanceada, sino que tenemos el tiempo suficiente para hacerlo cada día de nuestra vida. Todo lo que debemos hacer es asegurarnos que nuestras actividades diarias vayan de acuerdo con nuestros sueños, valores y principios. Esta es la verdadera esencia de la acción enfocada.

Cada día es una obra maestra que nosotros creamos con nuestra manera de pensar y actuar y con nuestras decisiones.

Utilizando una analogía con el fútbol, podríamos decir que este día que tienes frente a ti es la final del campeonato y no una simple práctica o un ensayo para algo que vendrá más tarde. Por esa razón es importante tratarlo como tal y no como un juego más. Sin embargo, muchas personas viven sus vidas, no como si hoy fuera la final, no como si fuera el juego más importante y decisivo, sino como si fuera una simple práctica de calentamiento o un entrenamiento rutinario; como si se tratase de un juego más, uno de esos partidos que a veces deben jugar los equipos, a pesar de haber clasificado para la siguiente ronda, sólo porque aún les queda un juego pendiente. Los ves jugar sin ganas, sin mucho interés en si ganan o pierden, buscando simplemente no desgastarse demasiado.

Pero en el juego de la vida no podemos hacer eso, ya que cada día es trascendental y debe vivirse a plenitud. Hoy es el único día sobre el cual tenemos control absoluto. El ayer ya se fue y no sabemos si el mañana estará en nuestro calendario. Esto nos obliga a vivir plenamente el hoy.

Durante el ataque terrorista al *World Trade Center* de la ciudad de Nueva York el 11 de septiembre de 2001, me encontraba en esa ciudad en una reunión de trabajo a pocas cuadras del lugar, así que pude observar las diversas reacciones de las personas que habían sobrevivido a tan macabro suceso, quienes se encontraban en alguno de los edificios en el momento del impacto, pero que tuvieron la fortuna de haber podido escapar sanos y salvos minutos antes que las torres se derrumbaran, sepultando a cerca de tres mil personas.

Una vez pasado el *shock* inicial, algunas de ellas fueron entrevistadas en los medios locales y nacionales donde debieron responder todo tipo de preguntas y una de las respuestas que más me llamó la atención —la cual escuché de muchas personas— fue la referente a las lecciones aprendidas de aquel terrible acontecimiento.

De acuerdo con los que estuvieron a punto de perder la vida, las lecciones más importantes no fueron acerca de la seguridad nacional, la expansión del terrorismo organizado o la vulnerabilidad del transporte aéreo. Una y otra vez, sus respuestas parecían centrarse en un mismo tema: la valoración del tiempo presente.

"Nunca más saldré de casa enojado", decía uno de ellos. "Perdemos demasiado tiempo prestándole atención a cosas relativamente poco importantes, mientras ignoramos las verdaderamente significativas", comentaba otro, y añadía: "Esta tragedia me enseñó a apreciar el tiempo con mi familia, el amor de mis hijos, mi relación con mi esposa; muchas veces no valoramos estas riquezas porque creemos que nunca las perderemos; posponemos el juego con nuestros hijos o las palabras de amor y aprecio para nuestra pareja porque creemos que más adelante ya habrá tiempo para todo ello. Sin embargo, cuando estás tan cerca de perderlo todo, de repente te das cuenta cuánto has descuidado eso a lo que más atención debías haberle prestado. De ahora en adelante viviré cada día a plenitud".

Hace algunos años, en un discurso frente a los estudiantes de la Universidad de Stanford, Steve Jobs, fundador de la compañía Apple, decía: "Si vivimos cada día como si fuera el último, un día estaremos en lo cierto. La muerte es un destino que todos compartimos. Nadie se ha escapado de ella. Tener presente que un día inevitablemente moriré es una de las herramientas más efectivas en ayudarme a tomar decisiones importantes en mi vida. Porque casi todo lo demás —las expectativas ajenas, los temores, los falsos orgullos, el miedo al fracaso— simplemente pierden toda importancia frente a la muerte. Recordar que vas a morir es la mejor manera de evitar caer en la trampa de pensar que tenemos algo que perder. No hay razón para no seguir lo que tu corazón te dice. Y lo cierto es que la única manera de hacer algo extraordinario es amar lo que haces. Si aún no lo has encontrado, continúa buscando".

Cuando hablo de vivir cada día como si fuese el último de nuestra vida no pretendo ser fatalista, ni tampoco estoy sugiriendo que no se deba planear para el mañana; debes hacerlo; debes aprovechar la experiencia del ayer, pero debes vivir el hoy intensamente. Debes vivir a plenitud, como si el mañana no fuera a ocurrir y el ayer no tuviera sentido. Hoy es lo único importante. Y cuando te vayas a dormir, debes planear levantarte al día siguiente a hacer nuevamente lo mismo.

Acción enfocada:

Toma la decisión de vivir cada día a plenitud, dando el cien por ciento en todo lo que hagas. No escatimes el esfuerzo, pasión, energía, amor, elogios, perdón o gratitud que puedas dar hoy, ni sientas que debes guardar una parte para mañana. Quien ofrece estas virtudes abundantemente, pronto descubre que cada día viene acompañando de todo cuanto necesitas, en justa medida. Piensa por un momento, si mañana fuese tu último día, ¿cómo te gustaría vivirlo? ¿Qué harías intensamente y qué te asegurarías de no olvidar hacer?

El factor "X"

Hoy me comprometo a: _____

_____

_____

_____

_____

_____

4

IDENTIFICA TU NORTE

"El navegante conoce la geografía, él observa las estrellas en la noche y observa el sol en el día; pero cuando está oscuro o nublado, él consulta la brújula".
—Zhu Yu

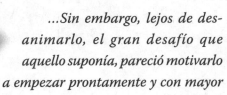

...Sin embargo, lejos de desanimarlo, el gran desafío que aquello suponía, pareció motivarlo a empezar prontamente y con mayor empeño su trabajo.

¿Cuál es tu norte? Seguramente alguna vez habrás escuchado esta pregunta de alguien que desea saber la dirección o el significado que has decidido darle a tu vida.

Para entender el origen de esta expresión debemos remontarnos poco más de mil quinientos años al descubrimiento de un instrumento que tuvo un gran impacto sobre la navegación: la brújula.

Durante siglos, los marineros navegaban los mares guiados por los astros celestes. Entre ellos, la estrella polar gozaba de gran importancia, dada su cercanía al polo norte celeste y a la consistencia de su posición. No obstante, los días nublados y de poca visibilidad representaban siempre un grave problema.

La invención de la brújula cambió todo esto. De acuerdo con varias anotaciones encontradas en textos chinos que datan de mucho antes del siglo cuarto de la era cristiana, y hacen referencia al magnetismo y a las agujas magnéticas, se presume que fue allí donde se inventó la brújula. Se dice que los chinos usaban un trocito de caña conteniendo una aguja magnética que se hacía flotar sobre el agua, y la aguja tenía la propiedad de apuntar siempre hacia el norte magnético. Desde entonces, la brújula se convirtió es un instrumento de navegación y orientación de enorme importancia. En su libro *"Pingzhou Table Talks"*, Zhu Yu escribe: "El navegante conoce la geografía, él observa las estrellas en la noche y observa el sol en el día; pero cuando está oscuro o nublado, él consulta la brújula".

El saber en todo momento la posición del norte, les permitía a los navegantes trazar la trayectoria a seguir y realizar cualquier tipo de corrección necesaria en el rumbo de la embarcación. Es muy posible que este haya sido también el origen de la expresión que nos invita a definir con absoluta certeza nuestro propósito de vida, los objetivos que perseguimos y los principios que deseamos que guíen nuestras acciones.

Al igual que una embarcación en medio de la tormenta, entre más tempestuoso esté el mar, más necesario se hace contar con una brújula que siempre nos muestre la dirección, a pesar de la inclemencia del tiempo y lo turbio y confuso que pueda estar el camino. Así mismo, en un mundo tan turbulento e incierto, es vital contar con un norte fijo, con principios y valores que nos orienten y nos ayuden a tomar las decisiones correctas, especialmente en los momentos más difíciles.

Sin duda alguna, la característica más importante de la persona exitosa es la claridad que tiene de su misión personal, de las metas, sueños y objetivos que desea alcanzar. Los triunfadores tienen claro *su norte*, saben hacia dónde van y ese conocimiento les provee el entusiasmo, la disciplina, la perseverancia y el enfoque que suelen caracterizarlos. Esta claridad les da también la opción de ser más efectivos, de tener una mayor capacidad para influir sobre las demás personas y de ser más productivos en las diferentes áreas de la vida.

¿Cómo logramos identificar nuestro norte? Podemos comenzar por definir nuestra misión y propósito de vida.

Nuestra misión de vida es el eje central que guía nuestras decisiones, nos ayuda a sentar metas y nos sirve para asignar prioridades. Si no tenemos claridad al respecto, pueden suscitarse conflictos entre nuestras diferentes metas. Cuando esto ocurre, es posible trabajar arduamente durante años, sólo para descubrir que lo que hemos logrado no nos ha traído la satisfacción personal que buscábamos. En ocasiones, inclusive, descubrimos con tristeza que nuestro trabajo nos alejó de lo que verdaderamente deseábamos y nos llevó en dirección opuesta a nuestros sueños.

Detente un momento y asegúrate que los pasos que estás dando te conducen al lugar a donde deseas llegar. Determina cuál es tu propósito de vida. Esta visión será la encargada de ayudarte a validar las metas y sueños que te propones perseguir.

Walt Disney resumió su misión en estas simples palabras: "Hacer feliz a la gente". Gandhi la expresó así: "Por medios pacíficos lucharé incansablemente contra las injusticias". En mi caso, yo he definido mi misión de vida de la siguiente manera: "Influir positivamente en la vida de otros seres humanos, llevando con entusiasmo un mensaje de optimismo y esperanza, y mostrando con mi ejemplo que es posible vivir una vida balanceada, plena y feliz".

¿Cuál es tu visión sobre lo que deseas que tu vida represente?

No te dejes influenciar por lo que acabas de leer. Recuerda que deben ser *tu* misión y propósito personal de vida. Escríbelos en términos simples y no pierdas tiempo buscando expresiones grandilocuentes y palabras pomposas para expresarlos. Tampoco pienses que tienes que salvar al mundo o descubrir la cura para todas las enfermedades; simplemente, asegúrate que lo que escribes representa lo que crees y por lo que estás dispuesto a dar tu vida, porque si aún no lo has adivinado, por esa misión vas a dar tu vida... día a día y minuto a minuto.

Muchas personas ignoran este paso; creen que contar con metas claras es suficiente, pero lo cierto es que por precisas que sean tus metas y por puntuales los objetivos que persigues, si no están guiados por un propósito de vida claro, los resultados que obtengas serán impredecibles.

La historia del empresario sueco Alfred Nobel es un gran ejemplo de esto. Ella ilustra la importancia de examinar periódicamente si el sitio hacia donde estamos caminando es el lugar al cual verdaderamente deseamos llegar. No es suficiente con contar con objetivos claros. Como Nobel lo descubriera, es posible alcanzar diferentes metas a lo largo de nuestra vida, sólo para descubrir más tarde, que estas no corresponden realmente con nuestros deseos y aspiraciones.

En su testamento, Nobel −quien murió en 1896— dejó definido, por lo menos en parte, su propósito de vida con las palabras: "Mi deseo es fomentar la paz y combatir la guerra". En él, Nobel dispuso que las rentas de su fortuna fueran distribuidas anualmente en cinco premios que habían de adjudicarse a aquellas personas que hubiesen efectuado aportes valiosos en los campos de la Química, Física, Medicina y Literatura, o que hubiesen trabajado en pos de la paz y la concordia entre los pueblos.

A pesar de lo loable de su misión, la verdad es que esta no siempre fue la luz que lo guió. Alfred Nobel, quien también era químico, había trabajado durante casi toda su vida en el perfeccionamiento práctico de explosivos para usos pacíficos. Este trabajo culminó con la invención de la dinamita, lo cual resultaba paradójico en un hombre tan sensible, humano y amante de la paz —como él solía autocalificarse—. Sin embargo, cada uno de los explosivos que Nobel descubriera y fabricara, poco a poco fueron adoptados en el campo bélico, al punto que la prensa le acusó de traficar con la guerra.

En realidad, Nobel odiaba la guerra y el ver el infortunado uso dado a sus descubrimientos lo llevó incluso a pensar en encontrar lo que él llamaba *explosivos de seguridad* destinados a la paz. "Me agradaría inventar una sustancia o una máquina de devastación tan espantosa, que por el solo temor que inspirase, hiciese imposible las guerras", escribía Nobel en una de sus cartas a su amiga, la condesa Berta Kinsky.

Es obvio que hasta ese momento, las metas y logros de Nobel en el campo de los explosivos no estaban contribuyendo con la que más tarde adoptaría como su misión de vida. Sin embargo, un hecho muy curioso habría de ocurrir en la vida de este hombre, que le obligó a examinar si sus acciones iban de acuerdo con sus principios y, más aún, le exigió tomar serias decisiones sobre su futuro.

Sucedió que uno de sus hermanos murió durante una explosión en una de sus fábricas. La historia cuenta que en medio de la confusión causada por el accidente, los periódicos cometieron el error de creer que quien había muerto era Alfred, así que Nobel tuvo la macabra oportunidad de leer al día siguiente lo que la prensa había publicado acerca de él, su vida y su legado.

Como era de esperarse, el periódico se concentró en los usos bélicos de la dinamita, en la destrucción y en las muertes que ella ocasionaba. Alfred Nobel quedó hundido en una profunda tristeza al conocer la manera como sería recordado después de su muerte. Reflexionó largamente acerca de cómo sus logros, celebrados por algunos y criticados por otros, habían terminado por llevarle en dirección opuesta a su verdadero propósito de vida.

Inspirado por aquel incidente, Nobel vio lo errado que era querer ganarse la voluntad de los hombres por el terror y decidió trabajar para borrar esta imagen de traficante de guerra por una de promotor de paz. Esta oportunidad de rediseñar su vida le llevó a concebir la idea de un "premio pro-paz", e incluso, a concebir la idea de imprimir un periódico que fuese portavoz del pacifismo universal.

Es así como, aún hoy, el premio Nobel es considerado como el máximo galardón al cual pueda aspirarse. El recuerdo que hoy evoca su nombre y su premio Nobel de la Paz, fue el resultado de él haber tomado el tiempo para redescubrir su misión de vida —o identificar su norte—. Debido a esto, hoy perdura y perdurará a través de los años la obra de amor y paz y la verdadera misión de vida, de quien patentara el más potente explosivo de su época.

¿Cuál es la lección? No necesitas esperar a que algo terrible ocurra en tu vida para recapacitar sobre si tus acciones te están conduciendo al lugar que deseas. Ya mismo puedes realizar esta evaluación. Examina minuciosamente las metas y objetivos que estás persiguiendo. ¿Responden a tu misión de vida? Toma hoy mismo la decisión que no continuarás navegando por el mar de tu existencia sin identificar primero tu norte.

Acción enfocada:

No hay nada que dé más dirección a tu existencia que saber cuál es tu misión personal o propósito de vida. Así que escribe una o dos frases que representen lo mejor posible qué deseas que personifique tu vida. Hazlo en términos simples, asegurándote que representa lo que en verdad crees y por lo que estás dispuesto a dar tu vida. Asegúrate de identificar lo que te apasiona hacer. Los triunfadores saben que uno de los secretos más importantes para alcanzar el éxito es descubrir qué es lo que verdaderamente aman hacer y rehusarse a hacer algo distinto. Ellos identifican el área que les apasiona, donde se requieran sus habilidades y fortalezas naturales.

El factor "X"

Hoy me comprometo a: _alludar y conpartir con y buscar nuevas persona (MUJERE) cudles allvdar y daltes esperanza que hay cosas nuevas_

5

LOS SUEÑOS SON EL COMBUSTIBLE DE LA ACCIÓN ENFOCADA

"Todo empieza con un sueño, suéñalo
y podrás lograrlo".
—Walt Disney

...No contaba con la experiencia de los demás, pero estaba dispuesto a aceptar el reto porque intuía que la culminación exitosa de un proyecto de tal magnitud, colocaría su nombre en alto y su negocio prosperaría.

*H*ace algún tiempo, escuchaba a un padre decirle a su hijo que "soñar era cosa de ilusos y que era mejor mantener los pies en la tierra y ser realistas". Ante la protesta del joven por su obstinado pesimismo, el padre respondió: "Te digo esto por tu propio bien porque no quiero verte defraudado y herido si no logras alcanzar lo que deseas". Infortunadamente, tras la máscara de las buenas intenciones de un padre preocupado por los sentimientos de su hijo, se esconde el mayor ladrón de sueños que existe: la idea que *soñar* sólo traerá frustraciones y desencantos.

Los soñadores han sido los forjadores del progreso de la humanidad y sin sus sueños no habrían sido posibles los avances tecnológicos, descubrimientos, inventos y adelantos que nos permiten disfrutar hoy de una mejor calidad de vida.

Ahora bien, es importante aclarar que el hecho de ser conscientes de nuestros sueños y deseos no nos garantiza que los obtendremos. Pero quienes ni siquiera se atreven a buscar claridad sobre lo que desean alcanzar, pueden tener la seguridad que nunca lo conseguirán.

Tus sueños no sólo le proveen dirección a tu vida, sino que te proporcionan la disciplina y el carácter para desarrollar los hábitos que te ayudarán a lograr tus metas y propósitos. Seas conciente o no de ello, tus sueños son seguramente la razón más importante por la cual dedicas gran parte de tu vida a tu trabajo.

Walt Disney solía decir: "Todo empieza con un sueño, suéñalo y podrás lograrlo". Si el sueño que escojas puede convertirse en realidad, ¿por qué conformarse con sueños pequeños y contentarse con poco cuando la vida tiene tanto que ofrecer? Sueña en grande. Piensa que si has podido alcanzar todas las metas que te has propuesto hasta ahora, es posible que no te estés fijando metas suficientemente altas.

Cierra los ojos por un momento y trata de visualizar dónde desearías encontrarte dentro de cinco o diez años. ¿Qué desearías estar haciendo? ¿Qué clase de trabajo te gustaría estar desempeñando? ¿Preferirías tener tu propia empresa? ¿Qué tipo de actividad recreativa practicas? ¿Qué nuevas habilidades anhelas adquirir? ¿En qué clase de actividades comunitarias participas? ¿A dónde añoras viajar? ¿Qué lugares del mundo quisieras visitar? ¿Qué tipo de automóvil manejas? ¿Quisieras tener tu propia casa?

No es suficiente decir: "Que bueno sería poder tener una casa propia", debes visualizarla con gran precisión. ¿Dónde está localizada, en el campo o en la ciudad? ¿Cuantos cuartos tiene? ¿Es de una o dos plantas?

Es posible que todo esto te parezca absurdo y creas que es una pérdida de tiempo. Sin embargo, visualizar sus sueños con gran exactitud fue el secreto del éxito de personas como Walt Disney, Leonardo Da Vinci, Thomas Edison, Bill Gates, Steven Spilberg, Hellen Keller y muchos otros triunfadores.

Dedica cuanto tiempo sea necesario a identificar y escribir tus metas, grandes y pequeñas, a largo y a corto plazo, tus sueños importantes y no tan importantes, tus aspiraciones profesionales, personales y familiares. Escribe todo aquello que deseas lograr, sin importar cuál sea el precio a pagar o qué tan realizable o irreal te pueda parecer hoy.

Muchas personas equívocamente empiezan tratando de discernir cómo van a lograr sus metas, cuando ellas son aún un montón de ideas borrosas y difusas. No logran entender que, como veremos más adelante, las metas borrosas sólo pueden producir resultados borrosos. Sin embargo, cuando defines con claridad lo que deseas de la vida, encuentras que muchas veces la vida está dispuesta a darte mucho más de lo que habías pedido o creías posible.

Un gran ejemplo de esto es la vida de Louis Pasteur, reconocido universalmente como un benefactor excepcional de la humanidad, debido a sus notables descubrimientos en el campo de las enfermedades infecciosas. Para él, su sueño era trabajar en su laboratorio, solucionando problemas que aquejaban a sus semejantes, de manera que ellos pudieran disfrutar de una mejor calidad de vida.

Si hoy no morimos de tuberculosis, difteria o rabia, es en gran medida gracias a su incesante labor científica en pos del bien de la humanidad, la cual abrió el camino de la microbiología moderna y la inmunología, con lo que revolucionó el mundo de la Medicina. Este trabajo incluyó el desarrollo de la vacuna contra la rabia, responsable de salvar millones de vidas.

Pero esta no fue el único campo en el cual se destacó. Su trabajo en el área de las técnicas de fermentación tuvo un impacto invaluable en numerosas industrias. Todo esto hizo que el mundo reconociera y valorara su trabajo y le recompensara acordemente.

La acidificación del vino y el vinagre, por ejemplo, había constituido un grave problema económico en su país natal, Francia. Pasteur contribuyó a resolver el problema demostrando que era posible eliminar las bacterias, calentando dichas soluciones hasta una temperatura elevada. Con gran visión, aplicó este mismo procedimiento a la conservación de la leche, proponiendo calentarla a temperatura y presión elevadas antes de ser embotellada. En honor a su nombre, este proceso recibe hoy el nombre de pasteurización.

Posteriormente fue llamado a auxiliar a la industria de la seda del sur de Francia, la cual se había visto muy afectada debido a que una enfermedad del gusano de seda había alcanzado proporciones endémicas. Nuevamente, su sueño de solucionar problemas que aquejaran a otros, salvó la industria de la seda del desastre.

Pasteur dedicó el resto de su vida a investigar las causas de diversas enfermedades como el cólera, la difteria, la tuberculosis y la viruela, y su prevención por medio de la vacunación.

En un comienzo, su trabajo se centró en encontrar la vacuna contra la rabia, enfermedad de la que nadie se había salvado en toda la historia de la Medicina; para ello se basó en el principio de utilizar el mismo virus, pero debilitado, para estimular al sistema inmunológico a producir las defensas contra el virus. Pronto llegó la prueba de fuego que pondría en evidencia su convicción por su sueño. El caso involucraba a un niño que había sido atacado por un perro rabioso; salvarlo implicaba la gloria y el reconocimiento, pero si fallaba, caería en el descrédito total como investigador.

El niño se salvó tras haber recibido el tratamiento, la noticia se propagó con rapidez y el interés del público por este descubrimiento científico no tuvo precedentes; la recompensa de Pasteur fue una espontánea colecta mundial para que el científico tuviera su propio instituto de investigaciones, ya que hasta entonces había trabajado en un modesto laboratorio.

Bien se dice que cuando estemos totalmente entregados a nuestro sueño, el mundo conspira para que triunfemos. En 1888 el Instituto Louis Pasteur se hizo realidad –hoy sigue adelante y es uno de los centros más importantes del mundo para el estudio de enfermedades infecciosas—.

Durante el resto de sus días este gran hombre recogió los frutos de lo que había sembrado toda su vida, llegó a ser considerado héroe nacional y aún hoy, un siglo después de su muerte, continúa gozando del aprecio y admiración de la comunidad científica mundial, la cual lo considera como uno de los más importantes científicos de todos los tiempos. Pero fue la pasión por ese sueño inicial que le había servido de combustible en cada una de sus aventuras, la que hizo que este hombre llegara a ser considerado "el caballero más perfecto que haya conocido nunca la ciencia".

Todos tenemos sueños. Ellos son la razón por la cual nos levantamos en la mañana y salimos a trabajar. Nuestros sueños son, sin duda, el combustible que mantiene ágil nuestro andar. El problema es que a veces nos enfocamos tanto en las necesidades básicas que los olvidamos. Tan preocupados estamos en sobrevivir que nos olvidamos de vivir.

No permitas que esto te ocurra. Recuerda, tus sueños son ese *factor "X"* en el cual vas a enfocar todo tu esfuerzo. Toma el tiempo necesario para identificarlos con claridad, y escríbelos donde los puedas leer con frecuencia. Si no los tienes, o si sólo son un montón de ideas difusas en tu mente, los resultados que obtengas serán igualmente vagos.

Acción enfocada:

Haz una lista de todo aquello que deseas lograr a corto y largo plazo. ¿Qué te atreverías a intentar si supieras que es imposible fracasar? ¿Qué metas te atreverías a perseguir si tuvieras la plena certeza que lo que escojas lo vas a lograr, porque no hay manera de fracasar? Piensa en grande. Incluye tus sueños y metas personales, profesionales, familiares, espirituales y materiales. Piensa en todo lo que deseas llegar a ser, tener, realizar y conocer. Escribe rápido, deja que las ideas fluyan de tu mente. Esta será tu "lista maestra de sueños". Asegúrate de tenerla contigo en todo momento.

El factor "X"

Hoy me comprometo a: *Prepararme como líder*
- Aprender Subirme al arique y
- Hacer nuevos amigos

6

EL HORIZONTE DEL TIEMPO

"El trabajo se expande para ocupar todo el tiempo que se haya designado para su realización".
—Cyril Northcote Parkinson

...Sabía que aquello no sería cosa de uno o dos días, y que debía trabajar arduamente si quería completar este encargo en el plazo convenido.

Como mencioné anteriormente, el verdadero valor de la acción enfocada se encuentra en el largo plazo, más que en lo inmediato. El gran problema con la mayoría de los enfoques tradicionales para administrar el tiempo es que están orientados por una visión a corto plazo. Estos enfoques generan hábitos de comportamiento que prestan más atención a las actividades diarias y menos a las metas y objetivos a largo plazo.

El peligro está en asumir que la realización eficiente de nuestras actividades diarias o metas a corto plazo conducen al éxito a largo plazo. Como ya lo demostró la historia de Nobel, existe la posibilidad de estar moviéndonos de manera eficiente en dirección opuesta a nuestro verdadero propósito de vida. Es por esto que desarrollar una visión de nuestro futuro –de nuestro horizonte del tiempo— a largo plazo es vital para el logro de nuestro éxito personal.

Cuando hablo de *visión del futuro,* me refiero a la capacidad para ver más allá de las circunstancias presentes y visualizarnos no necesariamente como somos, sino como podemos llegar a ser. Esta visión del futuro es un elemento indispensable para el desarrollo personal; es la brújula que marca nuestro norte y nos indica qué hacer y qué no.

Cuando la visión es limitada –por ejemplo, un horizonte de tiempo de sólo un par de semanas—, basamos nuestras elecciones en lo inmediato y lo apremiante. Olvidamos lo más distante, que suele ser lo importante.

De hecho, en un estudio realizado hace varios años, el escritor Edward Banfield se dio a la tarea de identificar un criterio específico que pudiera ser utilizado para predecir o vaticinar quienes tenían una mejor opción de progresar financieramente y lograr una mejor calidad de vida de una generación a la siguiente. Banfield examinó aspectos como profesión, raza, sexo, edad, nivel de educación, nacionalidad y muchos otros factores, en busca de aquel parámetro que le permitiera pronosticar quienes tenían una mejor opción de triunfar.

Él encontró que inclusive aspectos tan significativos como el nivel educativo o la profesión, no eran suficientes para predecir con seguridad las posibilidades de éxito del individuo, ya que algunos con mucha formación escolar no logran salir adelante mientras que otros con poca escuela alcanzan grandes éxitos. Tampoco era cuestión del medio o la ubicación, porque si así fuera toda la gente de ciertas ciudades sería rica, mientras que aquellos de otros pueblos serían todos pobres. Sin embargo, en todas partes vemos gente rica y gente pobre viviendo en las mismas ciudades, no muy lejos la una de la otra; compartiendo el mismo ambiente, e inclusive hasta con las mismas profesiones.

Al final, Banfield concluyó que el único indicador confiable para predecir el progreso de un individuo es lo que él llamó *el horizonte del tiempo* –qué tan lejos ven las personas en su horizonte del tiempo, y con qué tanta antelación planean su futuro—. Para probar esto ofreció algunas pruebas sobre cómo gente de diferentes niveles socioeconómicos tienen diferentes perspectivas del tiempo.

Banfield descubrió, por ejemplo, que entre la aristocracia británica es costumbre que cuando un bebé nace inmediatamente se le registra en la Universidad de Oxford –la mejor universidad del país—, a donde se espera que asista. Él señalaba que en los niveles más altos de la escala socioeconómica las personas tienden a poseer una visión de su futuro a muy largo plazo –en ocasiones planeando con una generación de antelación—.

Las familias de clase *alta* de muchas de nuestras sociedades, por ejemplo, planean para su retiro con veinte o más años de anticipación, ahorrando e invirtiendo para cuando ya no cuenten con más ingresos. Muchas envían a sus hijos a escuelas primarias que les brinden una mejor opción de ser admitidos en una buena universidad. Su horizonte de tiempo sigue siendo suficientemente largo.

Si continuamos descendiendo en la escala socioeconómica vemos que muchas personas consideradas de clase *media* ya no planean a diez o quince años, sino que su visión del futuro es mucho más corta. Poseen metas y objetivos que no pasan de un par de meses, sólo unas pocas poseen metas anuales, pero la gran mayoría vive de mes a mes.

Si bajamos aun más, nos damos cuenta que los más pobres ya ni siquiera poseen una perspectiva de meses, sino que viven de semana en semana y, para otros aún menos privilegiados, su horizonte de tiempo no pasa de buscar el sustento del día.

Banfield anotaba cómo, inclusive en el fondo de la escala social, el drogadicto o alcohólico no ve más allá de la próxima inyectada o el próximo trago. En otras palabras, la visión que tiene de su futuro no va más allá de unos minutos.

De esta manera, Banfield logró demostrar que existe un paralelo entre nuestra perspectiva de tiempo y nuestro nivel de éxito. Entre más bajamos en la escala social, más corto tiende a ser el horizonte de tiempo y menores las opciones de éxito. Él concluyó que para triunfar es vital desarrollar una visión del futuro a largo plazo.

Para los triunfadores su éxito siempre ha sido resultado de un largo proceso de gestación, mientras que para los perdedores su fracaso siempre parece tomarlos por sorpresa, lo que demuestra la enorme diferencia que existe en el horizonte de tiempo tanto del uno como del otro.

Acción enfocada:

¿Cuál es tu horizonte de tiempo? ¿Con cuánta anticipación planeas tu futuro? ¿Eres el tipo de persona a quien las cosas le toman por sorpresa? ¿Te ves siempre tomando decisiones apresuradas sobre asuntos que debiste haber pensado, evaluado y planeado por largo rato?

Una amplia visión del futuro te convierte en una persona proactiva, mientras que un horizonte de tiempo demasiado corto te limita a tener que reaccionar apresuradamente ante las situaciones que la vida te presente. Sin embargo, recuerda que lo realmente importante no es con cuánto tiempo de anterioridad desarrollas tus planes, sino con cuánto tiempo de antelación comienzas a actuar sobre ellos.

El factor "X"

Hoy me comprometo a: _____

_____

_____

_____

_____

_____

_____

7

EL PRINCIPIO DE LA PROACTIVIDAD

"Ser proactivo es mucho más que simplemente tomar la iniciativa, es entender que nuestra conducta debe ser en función de nuestras decisiones y no de nuestras condiciones".
—Stephen Covey

...Al día siguiente, el joven acudió al lugar a estudiar más detenidamente el inmenso peñón, buscando identificar el punto exacto donde enfocar todo su esfuerzo.

ucho se ha escrito en las últimas décadas sobre la importancia de vivir una vida proactiva; sin embargo, muchos continúan sin tener claridad acerca del significado de este término o sobre la diferencia entre vivir de un modo *reactivo* y vivir de un modo *proactivo*.

En el lenguaje empresarial es muy frecuente escuchar el término "proactivo", el cual es en realidad un anglicismo que se origina de la traducción de la palabra inglesa *"proactive"*. Y pese a que aún no está reconocida por la Real Academia Española de la Lengua, en líneas generales, la proactividad ha sido entendida como la capacidad de analizar las tendencias, anticiparse a ellas y transformarlas. Es actuar anticipadamente para lidiar con una situación; ir delante de los problemas mucho antes que estos se presenten, o darle la solución cabal una vez que estos se evidencien.

Es claro que, aceptada o no, "proactivo" es una palabra compuesta del prefijo "pro", que significa "a favor de", "orientado a" o "delante de", y del adjetivo "activo". De manera que una persona proactiva es aquella que está a favor de la actividad, que prevé, que sale al encuentro de lo que puede venir y está siempre alerta para no dejarse sorprender.

De acuerdo con Stephen Covey, esto es mucho más que simplemente *tomar la iniciativa* para responder ante una situación; es entender que la conducta debe ser función de las decisiones y no de las circunstancias. En tal sentido, podríamos decir que proactividad es la responsabilidad de hacer que las cosas sucedan, lo cual es el fundamento de la acción enfocada.

Cuando el control sobre nuestras acciones surge del entorno y de las circunstancias, y no de nuestra capacidad interior y nuestros valores, nos volvemos reactivos. El vivir de manera reactiva es simplemente reaccionar a las situaciones que la vida nos presenta, es esperar hasta que los síntomas aparezcan para pensar en la causa.

Ante un problema, la persona reactiva busca excusas y utiliza expresiones como: "No es mi culpa" "Me enteré demasiado tarde" "La suerte está en mi contra" "Los demás no colaboran". Por su parte, la persona proactiva evalúa, busca soluciones rápidamente, pide ayuda y toma la decisión de realizar cambios positivos de manera inmediata. Y basada en sus propias decisiones, haciendo uso de sus atributos y los recursos a su alcance, cambia sus condiciones externas.

Las personas reactivas se sienten bien cuando el tiempo es bueno y el ambiente es favorable, pero cuando no está como ellas quisieran, se ven afectadas tanto en su actitud como en su comportamiento. Mientras tanto, las personas proactivas llevan consigo su propio ambiente y temperatura. Basadas en sus valores, sueños, propósitos y perspectiva interna, crean un constante clima favorable. Sus acciones, decisiones y conducta son el resultado del conocimiento de sí mismas, de sus valores y propósito de vida y no de los impulsos, las condiciones externas o las emociones.

Vivir de modo proactivo es tomar el tiempo para determinar qué es importante en la vida y actuar de acuerdo con ello; es planear y ejercer control sobre lo que podemos controlar.

Muchos de nosotros le prestamos poca atención a ciertas áreas y aspectos de la vida que deberían gozar de gran importancia. De hecho, sólo pensamos en ellos cuando se presenta un problema, o inclusive mucho después que el problema ha aparecido. Eso es vivir de un modo reactivo.

Mi esposa, quien con mucho entusiasmo insistió en que relatara la siguiente anécdota, se preocupa hoy del mantenimiento de su automóvil con una disciplina que pocos tienen; en casa, puesto que tenemos autos de diferentes marcas y distintas necesidades, acordamos que lo más indicado sería que cada uno se asegurara que el mantenimiento y las reparaciones pertinentes se hicieran a tiempo.

Debo admitir que en esta tarea ella es mucho más meticulosa que yo; siempre se asegura de llevar el auto al mecánico con suficiente antelación para que le realicen a tiempo el cambio de filtro y aceite, y otras reparaciones que pueda necesitar; como resultado de esa actitud proactiva, ha disfrutado de un auto en perfectas condiciones durante todos estos años. Sin embargo, no siempre fue así. Es más, ella puede señalar la hora exacta en que decidió adoptar una actitud más proactiva, ya que aquel momento no lo olvidará nunca.

En medio de un tráfico de "hora pico", en una de las avenidas más transitadas de la ciudad, mientras conducía por el carril del medio, el auto se detuvo abruptamente y no hubo nada que ella pudiera hacer sino esperar mientras llegaba la grúa a llevarse el carro al taller.

Al día siguiente supimos la causa de la avería. De acuerdo con el mecánico, en los dos años desde que compramos el auto –"cero kilómetros"– no se le había realizado un solo cambio de aceite o cualquier otro tipo de mantenimiento. Incrédulo, quise escuchar la versión de mi esposa quien, con absoluta seriedad, me indicó que la razón por la cual no había llevado el auto al taller, era porque hasta ese día no había presentado ningún problema. Eso es actuar de manera reactiva.

Puesto que la única opción era cambiarle el motor al auto, ya que el original quedó inservible e irreparable, decidimos comprar un auto nuevo; una manera bastante costosa de aprender la lección de la proactividad. Debo confesar que escribiendo hoy sobre aquel episodio no puedo más que reírme cuando pienso en la razón que dio para justificar su falta de acción.

Sin embargo, sé que lejos de ser graciosas, las consecuencias de una actitud reactiva suelen ser fuente de graves molestias. Hay quienes rara vez se ocupan de ciertas áreas de su vida a las que deberían prestarle mucha más atención, porque se les ha metido en la cabeza que si no existe una emergencia o un problema evidente, es señal de que todo anda bien.

¿Cuándo es que la gente se preocupa por su salud? Cuando está enferma.

¿Cuándo decide la persona promedio buscar asesoramiento financiero? Cuando se encuentra al borde de la bancarrota.

¿Cuándo nos preocupamos por el estado de nuestra relación de pareja? Cuando nos enteramos que nuestra pareja está considerando el divorcio.

¿Por qué esperar hasta cuando el daño está hecho para hacer algo? Hay muchas cosas que podemos hacer cuando estamos sanos, o cuando nuestra relación marcha bien, para asegurarnos que estas áreas de nuestra vida continúen así.

Todos podemos determinar qué comer y qué no, y con qué frecuencia ir al gimnasio. De igual manera, está en nuestras manos el asegurarnos que mantenemos un alto nivel de comunicación con nuestra pareja, o decidir que viviremos con un presupuesto de gastos que nos permita saber cómo y en qué gastamos nuestro dinero. Todas estas decisiones están bajo nuestro control; cuando ejercemos tal poder y actuamos de acuerdo con las prioridades que hemos establecido en la vida, habremos optado por vivir de forma proactiva.

Por otra parte, hay otros eventos sobre los cuales poco o nada podemos hacer, pero por alguna razón nos empeñamos en controlarlos o, peor aún, permitimos que ellos rijan nuestra manera de pensar y actuar. ¿Cuándo vamos a entender que no podemos controlar las condiciones climáticas, el tráfico, los imprevistos o la manera de actuar de los demás?

En lugar de aceptar estos eventos con serenidad y paciencia, permitimos que un poco de lluvia nos eche a perder todo el día; nos alteramos por una congestión de tráfico, y en lugar de esperar calmadamente a que este avance, muchas veces actuamos irresponsablemente, poniendo en peligro nuestra vida y la de otras personas. Vivimos prisioneros del "que dirán", permitiendo que las opiniones o críticas de otros –algo sobre lo cual no tenemos voz ni voto— nos digan qué hacer y cómo comportarnos, afecten nuestro estado de ánimo, o influyan negativamente en nuestra productividad.

En lugar de ignorar esas cosas y seguir adelante, permitimos que ellas manejen nuestra vida y nos paralicen. ¿Cuáles son las consecuencias? Frustración, estrés, tensión, rabia e inseguridad.

Hay otros factores que sí están bajo nuestra potestad pero por alguna razón hemos aprendido a creer que no lo están. Y lo que he descubierto es que sólo cuando la necesidad es suficientemente grande, nos damos cuenta que sí podemos controlarlos.

Por ejemplo, durante casi toda su vida adulta, William fumó más de una cajetilla de cigarrillos al día. Estaba tan convencido que nunca podría abandonar este mal hábito que en realidad nunca había intentado renunciar a este vicio que había tomado control de su vida. Sin embargo, hace más de diez años que no fuma. ¿Sabes cuándo dejó de fumar? Después de su primer ataque cardiaco, cuando el doctor le informó que si no dejaba de fumar, el próximo ataque, que con seguridad vendría muy pronto, podría matarlo. De repente, la gran necesidad de vivir le dejó ver que en realidad él sí podía vencer ese hábito que días antes creía incontrolable.

Nuestras metas suelen tener el mismo efecto sobre nuestra conducta. Si identificamos una lo suficientemente importante, de repente muchas cosas que antes creíamos imposibles se hacen posibles y descubrimos talentos, habilidades y poderes que no creíamos poseer.

Acción enfocada:

Identifica las áreas de tu vida en las cuales no estás siendo lo suficientemente proactivo y analiza qué decisiones vas a tomar hoy mismo para remediar dicha situación. Recuerda que cuando ejerces dominio sobre lo que puedes controlar, estás viviendo una vida proactiva y podrás experimentar todas las emociones positivas que vienen con este control: seguridad, decisión, paz interior, armonía, felicidad y tranquilidad. Cuando no ejerces este poder, o cuando permites que esas cosas que están fuera de tu alcance te dominen, habrás optado por vivir de un modo reactivo. ¿Cuáles son las consecuencias? Frustración, estrés, tensión e inseguridad. ¡Es tu decisión!

El factor "X"

Hoy me comprometo a: tener mas cuidado en resolber cosas ante d que empeorcn

8

METAS BORROSAS PRODUCEN RESULTADOS BORROSOS

*"En la ausencia de metas claras solemos desarrollar
gran satisfacción en el desempeño de asuntos triviales
y sin importancia hasta que terminamos
por convertirnos en sus esclavos".*
—Autor desconocido

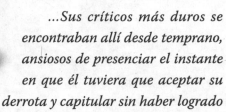

...Sus críticos más duros se encontraban allí desde temprano, ansiosos de presenciar el instante en que él tuviera que aceptar su derrota y capitular sin haber logrado su cometido ni haber recibido paga alguna, después de todos esos días de enorme esfuerzo. Pero él tenía una meta clara y no estaba dispuesto a renunciar a ella cuando el éxito podía encontrarse a la vuelta de la esquina.

Quien no tiene metas claras, nunca sabe a ciencia cierta si está caminando en la dirección correcta. Ambrose Bierce escribía que el verdadero fanatismo consiste en redoblar nuestro esfuerzo una vez hemos olvidado hacia dónde vamos. Ten cuidado de no estar haciendo lo mismo; de no convertirte en alguien que no sabe para dónde va, y al sentirse perdido, aumenta la velocidad queriendo así encontrar nuevamente el camino.

Es imposible perseguir con decisión y entusiasmo una meta que no podemos ver. Los grandes triunfadores son conscientes de la importancia de saber con certeza lo que es verdaderamente importante en sus vidas, de mantener una imagen clara de sus metas y de revisarla constantemente para asegurarse que sus acciones están guiadas por esta visión.

Imagínate a dos obreros que se encuentran trabajando frente a una iglesia en construcción. Ellos están zarandeando arena. "Zarandear arena" es simplemente cernir o colar la arena para separarla de la piedra, y dejar así, sólo la arena fina antes de ser mezclarla con el cemento.

Cuando le preguntas a uno de ellos qué está haciendo, con voz afligida responde: "Aquí, zarandeando arena todo el día; de ocho de la mañana a cinco de la tarde zarandeo arena; cinco días a la semana me dedico a la misma tarea de zarandear arena. Ya llevo seis meses en esto, día tras día, zarandeando arena".

Sin embargo, cuando le haces la misma pregunta al otro trabajador, que se encuentra realizando exactamente el mismo oficio, él responde: "Soy parte de un equipo que está construyendo una hermosa catedral". ¡Qué diferencia!

¿Dónde crees que radica la diferencia entre estas dos personas? Sin duda, uno de ellos sabe por qué está haciendo lo que está haciendo. Él tiene una visión clara de su meta, de su objetivo, del porqué de su trabajo, mientras que el otro no. Los dos pueden estar realizando la misma actividad, pero la actitud, trabajo y estado de ánimo de cada uno de ellos no están determinados por la labor que están ejecutando, sino por la claridad con que cada uno puede ver la meta en la cual trabaja. Es muy difícil ser una persona decidida y actuar de manera enfocada si no sabes cuál es la meta que persigues.

Infortunadamente, menos de un 3% de la gente se toma el tiempo para dar este paso. Sólo este pequeño porcentaje identifica los propósitos realmente importantes, escribe sus metas, les asigna una fecha específica para su logro, desarrolla un plan de acción y lo lee y examina con regularidad.

¿Cómo evitar que tus metas se queden en ideas borrosas? He aquí cuatro pasos que te permitirán lograrlo y te pondrán nuevamente en control de tu vida:

1. Haz una lista de tus sueños, metas y aspiraciones en términos claros y específicos, teniendo presente las diferentes áreas de tu vida. Recuerda que el secreto para lograr una existencia plena está en mantener un balance entre las diferentes facetas de tu vida. Si no sabes por dónde empezar, los capítulos cuatro y cinco te ayudarán a desarrollar esta lista.

2. Establece un orden de prioridad entre tus metas de acuerdo con la trascendencia que cada una de ellas tenga para ti, ya que no toda meta goza de la misma importancia. Pregúntate: ¿Si sólo pudiese lograr una de todas las metas que he escrito, cuál escogería? Esa es tu meta más importante. Ahora busca la número dos y así sucesivamente.

3. Asígnales una fecha concreta para su logro. El periodo de tiempo que establezcas para alcanzar una meta debe ser tal que exija un esfuerzo superior, que demande el máximo de tu potencial, teniendo en cuenta los nuevos hábitos o habilidades que deberás adquirir. La presencia de una fecha específica te ayudará a identificar los objetivos a corto y mediano plazo que puedan ayudarte a alcanzar cada una de tus metas a largo plazo. Recuerda que todo gran viaje comienza con un primer paso.

4. Identifica el "porqué" y el "cómo" de cada una de tus

metas. El primero se refiere a las razones que te motivan a lograr dicha meta; el segundo tiene que ver con la forma de lograrla. Este es quizás el paso más importante, ya que muchas veces, en nuestro afán por comenzar, tendemos a preocuparnos más de la cuenta por aprender *cómo* hacer algo, antes de determinar *por qué* dicha acción es importante.

Sócrates consideraba de enorme importancia el cuestionarnos sobre las razones que nos motivan a querer alcanzar ciertas metas. Es indudable que si deseamos incrementar nuestra productividad personal debemos entender que a menos que sepamos el *porqué* de nuestras acciones, el *cómo* tiene poca importancia. Después de todo, de qué sirve aprender cómo hacer algo, si no existe una razón para hacerlo.

Nuestro éxito depende más de tener un *porqué* que de saber *cómo*. El *cómo* siempre se puede aprender. De hecho, con frecuencia encontramos que los que sólo saben *cómo*, siempre terminan trabajando para los que saben *por qué*. El *porqué* te provee la pasión y la energía para enfrentar cualquier situación, por difícil que pueda parecer. Los seres humanos somos capaces de soportar casi cualquier dificultad si sabemos la razón de ser de nuestro esfuerzo.

¿Por qué deseas lograr los sueños que persigues? ¿Qué te mueve a querer alcanzar tus metas? ¿Qué te ha llevado a imponerte un patrón de conducta y vivir de acuerdo con dicho patrón? A esto me refiero cuando hablo de encontrar tu *porqué*.

Mientras que los sueños, metas y deseos nos proveen la dirección y la motivación inicial para empezar el viaje, la determinación y convicción necesarias para sobreponernos a los obstáculos que seguramente encontraremos a lo largo del camino vienen de saber por qué estos seños y metas son importantes para nosotros.

Ninguna meta se hará realidad si antes no ha despertado en ti una profunda pasión por su realización. Nunca he escuchado una historia de éxito de alguien que no estaba "seguro" si quería triunfar, o no le entusiasmaba la idea de lograr sus metas. Por el contrario, todas las historias de éxito tienen algo en común: sus protagonistas poseían un enorme entusiasmo y una gran pasión por sus sueños.

Si los sueños y metas que has identificado en los capítulos anteriores no te entusiasman *a más no poder*, si no te hacen vibrar de solo pensar en ellos, es porque, o no son realmente las metas que deberías estar persiguiendo, o no has tomado el tiempo suficiente para determinar qué las hace tan especiales.

Así que hoy quiero pedirte que tomes el tiempo necesario para identificar tu *porqué*. Los sueños, las metas y las estrategias son importantes. Pero sin un *porqué* claramente definido, todas ellas no pasan de ser palabras sin vida, decisiones sin el factor "emoción" que las impregne de entusiasmo y pasión.

Acción enfocada:

Cuando hayas dado los cuatro pasos presentados en este capítulo, tendrás en tus manos una herramienta de un valor incalculable, una lista de tus metas claramente definidas y en orden de prioridad, acompañadas de un plan de acción específico para hacerlas realidad. Este solo hecho te dará un poder sorprendente. Habrás pasado a formar parte de un pequeño porcentaje de triunfadores que sabe hacia dónde va y cómo llegar allí. Lo único que necesitas hacer ahora es seleccionar tu meta de mayor prioridad y dar el primer paso hacia su realización ahora mismo.

El factor "X"

Hoy me comprometo a: _____

_____

_____

_____

_____

_____

_____

9

LA TRAMPA DEL TRABAJO DURO

"Si el trabajo duro fuera la maravilla que
todos aseguran, ¿a qué se debe que los millonarios
no lo hayan acaparado para su uso exclusivo?"
—Joseph Lane Kirkland

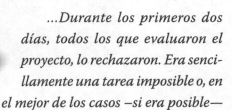

...Durante los primeros dos días, todos los que evaluaron el proyecto, lo rechazaron. Era sencillamente una tarea imposible o, en el mejor de los casos —si era posible— prometía ser tan difícil y tediosa, particularmente para completarse en dos semanas, que no valía la pena embarcarse en tal faena.

*S*eguramente, alguna vez has escuchado que el secreto del éxito es el trabajo duro; "¡Echarle ganas!", "Darle duro", "Trabajar de sol a sol", "Laborar sin descanso", o cualquiera de las muchas otras expresiones con que algunos, erróneamente han identificado el secreto del éxito. Digo erróneamente, porque si el trabajo duro fuera la clave del éxito, entonces todo el que trabaja arduamente sería exitoso. Sin embargo, todos seguramente conocemos a más de una persona que trabajó duramente toda su vida sólo para descubrir en sus años dorados que su esfuerzo no produjo la seguridad o estabilidad que buscaba.

El mito del trabajo duro es creer que el éxito es el premio al trabajo intenso y que lo importante es la actividad. Sin embargo, el secreto no es trabajar duramente, sino trabajar inteligentemente. Es asegurarnos que haya coherencia entre lo que hacemos y lo que deseamos. Eso es lo que genera el poder de la acción enfocada.

¿Cómo lograr esta correspondencia?

Muchos de los expertos en productividad y administración del tiempo sugieren tres pasos para verificar si las acciones diarias están en concordancia con las metas y objetivos que deseamos lograr. Yo he diseñado un pequeño ejercicio con estos tres pasos, de manera que puedas aplicarlo a tu situación personal actual:

1. **Identifica tu norte.** De tu lista de sueños y metas por realizar –asumiendo que ya has tomado el tiempo para realizarla– escoge los tres sueños u objetivos de mayor prioridad en tu vida en este momento. Asegúrate que son los más importantes, los que consideres de mayor prioridad; los que sabes que, de lograrlos, tendrán el mayor impacto positivo en tu vida.

2. **Examina tu realidad actual.** Una vez que has llevado a cabo el paso anterior –y no antes–, piensa por un momento en todo lo que hiciste el día de ayer. Efectúa un recorrido mental a lo largo de todo el día y cada una de las actividades que realizaste, empezando desde el instante en que te despertaste hasta el momento en que te fuiste de nuevo a dormir en la noche. Escríbelas y numéralas siendo lo más detallado posible.

3. **Determina la correspondencia entre ambas.** Finalmente, pon una marca frente a cada una de las actividades que realizaste ayer con el propósito *específico* de alcanzar cualquiera de las tres metas que identificaste en el primer paso. Sobra decir que debes ser absolutamente honesto contigo mismo. De nada servirá que te engañes marcando ciertas actividades sólo para sentir

que de verdad trabajaste en tus metas. Marca sólo las que realizaste con uno de estos tres sueños en mente. Si en alguna de ellas tienes que pensar demasiado para decidir si señalarla o no, seguramente no es una de las que merezcan una marca.

¿Qué descubriste? ¿Estás trabajando diariamente en las que consideras tus metas más importantes? Y si no estás trabajando en ellas día tras día, ¿cómo esperas que se conviertan en realidad? ¿Qué sentido tiene que las consideres importantes si no vas a hacer nada al respecto?

¿Ves el gran dilema del trabajo duro? ¿De qué sirve que trabajes tenazmente de sol a sol en todo lo demás, si lo que consideras más importante lo tienes totalmente descuidado?

Recuerda que tu vida es la sumatoria de todas las decisiones que tomas cada día. Para triunfar no es suficiente con querer triunfar y desear el éxito; es vital que nuestras acciones sean consistentes con las metas y los objetivos que deseamos alcanzar.

Cuando puedas colocar tres, cinco o más marcas en tu lista de actividades diarias podrás irte a la cama sabiendo que ese día invertiste tu tiempo en la realización de aquello realmente importante para ti, tu familia o tu empresa. Es así de simple.

Lo peor de todo es que en lugar de buscar esta correspondencia entre nuestra manera de pensar y nuestra forma de actuar, muchos de nosotros preferimos emplear gran cantidad de tiempo en asuntos triviales y de poca trascendencia, mientras nos quejamos de no tener suficiente tiempo para lo importante. Nos conformamos con decir cosas como:

"¿Cuándo será que tendré tiempo para hacer esto o aquello?", "Cuando las circunstancias se calmen y se estabilice un poco más la situación voy a comenzar a ir con regularidad al gimnasio", "¿Cuándo será que podré dedicarle tiempo a lo que verdaderamente amo hacer?", "Un día de estos, cuando haya más tiempo, nos vamos a sentar a planear nuestras metas financieras" o "Si sólo tuviera tres horas más en mi día podría dedicarle más tiempo a mis hijos".

Nada de esto hará que las circunstancias cambien. Ni el ritmo al que corre el mundo tiende a aplacarse, ni vamos a tener más horas en nuestro día. Tarde o temprano todos vamos a tener que aceptar que la vida son elecciones, y que lo que logras cada día es el producto de las elecciones que realices.

Por ejemplo, un estudio mostró que el padre promedio emplea menos de cinco minutos a la semana conversando en *tonos normales* con sus hijos. Ten presente que lo único que el estudio tuvo en cuenta fueron las conversaciones normales, pacíficas y tranquilas. Los regaños, gritos, discusiones, reprimendas no fueron incluidos.

¡Cinco minutos semanales! Eso es menos de 45 segundos diarios.

Lo curioso es que muchos de los que argumentan no tener suficiente tiempo para sus hijos, parecen siempre tener tiempo de sobra para leer el periódico, mirar el noticiero, trabajar horas extras, disfrutar con los amigos o atender sus *hobbies* personales. No se pierden un partido de fútbol en televisión sin importar quién esté jugando, pero no sacan dos horas para ir a mirar a su hijo de tres años jugar un partido en la liga infantil por considerarlo aburrido... y además, ¿con qué tiempo?

Entonces cuando hablamos del *factor X*, nos estamos refiriendo a dar prioridad a lo que es realmente importante en nuestra vida, y a actuar de acuerdo con dichas prioridades.

En las últimas décadas se ha popularizado un término algo cínico —aunque bastante acertado— sobre la manera como muchos viven sus vidas: "La carrera de ratas" (*the rat race*). La expresión hace una analogía entre la manera absurda como vive una rata de laboratorio, corriendo constantemente por un laberinto o en una rueda sin fin, con el modo como muchas personas viven hoy, preocupadas en exceso por estar siempre a la moda, mantener el *estatus*, o convertidas en adictas al trabajo, debido a su incesante búsqueda por lograr que su estilo de vida sea por lo menos igual al de sus colegas y ojalá, mejor que el de sus amigos.

El problema es que justo cuando compran un Mercedes Benz igual al de su vecino, él compra un Porsche último modelo; o cuando adquieren el televisor de última generación, sale uno aún mejor. Y así, la absurda carrera por mantener el estatus y vivir a la moda nunca termina.

Esto sucede, en parte porque hemos aceptado que esta *carrera de ratas* es la única manera de lograr el éxito y disfrutar de la calidad de vida que deseamos, lo cual no es cierto, como lo descubrirás a lo largo de este libro. Sin embargo, si después de leerlo continúas pensando que esa es la única opción para "ganar" el juego de la vida y lograr lo que deseas, quizás la apreciación de la comediante norteamericana Lily Tomlin te haga cambiar de parecer. Tomlin observa, muy acertadamente, que el problema con la carrera de ratas es, que incluso cuando ganas, sigues siendo una rata.

Acción enfocada:

Si has realizado los ejercicios y las actividades que he sugerido en los capítulos anteriores, en este momento seguramente cuentas con una lista de tus metas más importantes en cada una de las siete áreas que sugerí al final del capítulo cinco. Si aún no lo has hecho, ¿qué esperas? Recuerda, nada cambiará a menos que des el primer paso.

Toma la meta más importante de cada área; aquella en la que quieres comenzar a trabajar inmediatamente, e identifica por lo menos tres acciones que te ayuden a alcanzar dicha meta. Tu misión es incluir como mínimo una de estas tres acciones en tu lista de actividades diarias antes que termine la semana. Haz esto con cada una de tus metas y pronto comenzarás a experimentar los sorprendentes resultados de la acción enfocada.

El factor "X"

Hoy me comprometo a: Platino 2011
META 1 BUSCAR D 3 a 5 Planes al dia
META 2 Leer y Escuchar Cds al dia
META 3 Ventas un producto al dia

10

LA DIFERENCIA ENTRE LO "URGENTE" Y LO "IMPORTANTE"

"No se atreva a decir que no tiene suficiente tiempo. Usted cuenta exactamente con el mismo número de horas al día que tuvieron Helen Keller, Louis Pasteur, Miguel Ángel, la Madre Teresa, y Albert Einstein".
—H. Jackson Brown

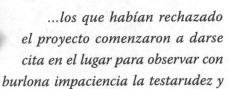

...los que habían rechazado el proyecto comenzaron a darse cita en el lugar para observar con burlona impaciencia la testarudez y obstinación de este joven que se rehusaba a darse por vencido. Y mientras él trabajaba, con la seguridad que obtendría una buena paga, ellos preferían disipar su tiempo criticando su decisión de aceptar tal reto.

*Y*a hemos visto que cuando hablamos de administrar el tiempo, de manera que podamos enfocarnos en lo verdaderamente importante, en realidad nos estamos refiriendo a asumir el control de nuestro comportamiento. Parte fundamental de todo plan de éxito es tener control de las actividades diarias, asegurándonos que estas sean consistentes con las metas y valores personales.

Sin embargo, para saber con absoluta certeza qué actividades son realmente importantes y cómo poder diferenciarlas de las llamadas "urgencias" —que no siempre lo son—, debemos primero saber cuál es la diferencia entre lo urgente y lo importante.

En el contexto de la acción enfocada, la palabra "importante" la reservaremos para referirnos a las acciones que están íntimamente ligadas a nuestras metas, valores y sueños; ese tipo de actividades que le dan sentido a nuestra existencia. Todo lo que nos lleve más cerca de la realización de un sueño o una meta es importante. De igual manera, todo cuanto pueda alejarnos de su logro también es importante y requiere nuestra atención. Así que el término "importante" lo reservaremos exclusivamente para lo que pueda influir sustancialmente en nuestra misión personal y propósito de vida.

De otro lado, la palabra "urgente" la utilizaremos para referirnos a todo eso que exige de nosotros una atención o respuesta inmediata, pero que, puede o no, tener una importancia real.

Nuestros días suelen estar colmados de actividades, diligencias y tareas, unas más urgentes que otras; unas más importantes que otras. Todas ellas con diferentes grados de urgencia e importancia, lo cual nos permite determinar la relevancia que cada una de ellas tiene en nuestra vida. La importancia de ciertas actividades es indiscutible; otras exigen atención inmediata pero su importancia es cuestionable, mientras otras más no gozan de la una o la otra. La trampa que debemos evitar es permitir que se nos vaya el día en lo urgente mientras lo importante se queda sin hacer.

Para evitar esto, debemos empezar por examinar todas las acciones de manera que podamos separar lo urgente de lo prioritario. En términos generales, todas las actividades pertenecen a una de las siguientes categorías:

1. **Las trivialidades.** En esta categoría se encuentran todas las acciones que carecen tanto de sentido de urgencia como de importancia real; banalidades que lo único que logran es disiparnos el tiempo. Los pobres hábitos como

la lectura fútil, los chismes, el desperdiciar el día frente al televisor y los vicios, son algunas de las muchas actividades a las cuales les dedicamos parte del día, a pesar de carecer de importancia o urgencia. No obstante, por alguna razón un gran número de personas sucumbe ante estas trivialidades, convirtiéndose en sus esclavos.

La aparente falta de control sobre su vida, que muchos experimentan, es precisamente el resultado directo de malgastar una gran cantidad de tiempo en actividades triviales y sin ninguna importancia. Si en verdad deseas tener más control sobre tu tiempo y tu vida, te sugiero que a partir de ahora examines cuidadosamente todas las actividades que normalmente llevas a cabo y te preguntes: ¿Es esto realmente importante para mi vida y para mi futuro? ¿Es este el mejor uso que le puedo dar a mi tiempo en este momento?

Haz el firme propósito de identificar todas las trivialidades que te están robando tu tiempo y comienza a deshacerte de ellas, reemplazándolas con acciones orientadas hacia el logro de tus metas.

2. Las urgencias. A esta segunda categoría pertenecen actividades de naturaleza diversa y diferentes grados de importancia, que tienen sólo un factor en común: demandan nuestra atención inmediata.

Se pudiera pensar que toda actividad *urgente* es apremiante y seguramente responde a una necesidad prioritaria e ineludible, pero no siempre es así. No todo lo que clama por una pronta atención es significativo. De hecho, una gran mayoría de las actividades que se encuentran en esta categoría, son distracciones que generalmente no están asociadas con nada prioritario en nuestra vida y carecen totalmente de importancia.

Quizás la siguiente escena puede aclarar a qué me refiero: te encuentras en la oficina realizando algo de gran importancia para tu trabajo, y un compañero te dice: "Ven rápido, que quiero mostrarte el último programa de música que acabo instalar en mi computador. No vas a creer todo lo que hace; pero ven ya mismo".

Puesto que la mayoría de nosotros hemos programado en nuestra mente que las expresiones, "ven rápido" y "ven ya mismo", indican "urgencia", tú abandonas lo que estabas haciendo y respondes inmediatamente a esta invitación forzosa; treinta minutos más tarde, te das cuenta que has desperdiciado media hora de tu tiempo en algo totalmente insubstancial, mientras que lo realmente importante espera sobre tu escritorio a ser atendido. Es obvio que esa distracción era "urgente" para tu amigo, pero no para ti. Como esta, existe un sinnúmero de interrupciones que nos roban el tiempo y acaparan nuestra atención.

Otras urgencias son simplemente el resultado de haber desatendido actividades que estaban bajo nuestro control pero que por alguna razón preferimos ignorar o posponer. Muchas de las llamadas *crisis* o *emergencias* que algunas personas dicen estar enfrentando, son simplemente el producto de sus malos hábitos y su desidia.

No me estoy refiriendo a las emergencias reales que aparecen súbitamente y sin anunciarse. Me refiero a las molestias innecesarias ocasionadas por un recibo o una cuenta no cubierta a tiempo, a las visitas a la sala de emergencia, resultado de una enfermedad desatendida o ignorada, y otras cosas por el estilo que de haber sido atendidas a tiempo no se hubieran convertido en una crisis más.

Como ves, es posible vivir la vida de urgencia en urgencia, "apagando incendios" y respondiendo a crisis que nosotros mismos nos hemos encargado de crear. Sin embargo, recuerda que estas urgencias no necesariamente responden a lo realmente importante para nuestro éxito.

Una mínima disciplina diaria nos puede ayudar a darle prioridad a lo trascendente. Recuerda que la solución no está en ser eficientes apagando incendios, sino en aprender a prevenirlos. Mi amigo Jack Leber solía decir: "Si nos encargamos de solucionar lo realmente importante, lo urgente suele solucionarse por sí solo". Evita caer en la trampa de concentrarte tanto en las urgencias de la vida diaria, que olvides prestar atención a lo que es verdaderamente importante en tu vida.

3. Las prioridades. Aquí podemos ubicar todas esas actividades fundamentales para el logro de nuestro éxito. Acciones que gozan de gran importancia, pero que curiosamente, no siempre están demandando la acción apremiante y obligatoria de que gozan las urgencias.

En otras palabras, son acciones o actividades importantes, pero no necesariamente urgentes. Fijar metas es un buen ejemplo de una de estas actividades. El fijar metas es primordial para el éxito, pero a pesar de su indiscutible importancia, es una actividad que no nos está presionando constantemente para que la realicemos. Y es precisamente debido a que estas actividades no nos están forzando para que las llevemos a cabo, que suelen pasar desapercibidas, que se posponen, se desatienden o se ignoran completamente.

Curiosamente, estas son las acciones a las cuales debemos prestar más atención, puesto que influyen directamente en nuestra misión y propósito de vida. Así que uno de los objetivos principales es identificar estas actividades que sabemos que son importantes para la realización de los sueños y darles el carácter de urgencia y apremio del que deben gozar.

La lectura, el ejercicio, la comunicación con la pareja y los hijos, son ejemplos de actividades que todos consideramos importantes, pero que no vienen armadas de ningún dispositivo que nos alerte a su urgencia. Mientras la persona misma no se encargue de proporcionarle el carácter apremiante a cada una de ellas, estas esperarán pacientemente.

Hasta que tú no hagas de la lectura una actividad no sólo importante sino también urgente, no actuarás, y esta pasará a ser otra de las cosas importantes que aún no haces, porque no le has dado la prioridad que merece.

Así que como ves, no puedes esperar a que lo que es verdaderamente prioritario y vital para tu éxito, te salte a la cara y te grite: "¡Aquí estoy! ¡Préstame atención!", porque no va a suceder. Debes ser tú, quien deliberadamente te des a la tarea de identificar estas actividades, adquieras conciencia de su importancia y abordes la labor de hacerlas parte de tu diario vivir.

Acción enfocada:

Ten presente que lo urgente no siempre es importante, mientras que lo importante pocas veces nos arremete con urgencia. En ocasiones, la vida suele llenarse de urgencias que tienen poca relevancia para el futuro. Toma unos momentos para identificar las "urgencias" que te mantienen ocupado constantemente y determina si en realidad responden a eso que te llevará más cerca de la realización de tus sueños y propósito de vida. De no ser así, no permitas más que sean ellas las que están en control de tu vida.

De igual manera, identifica las actividades que a pesar de su gran importancia para tu éxito, no realizas con la frecuencia que debieras, y comienza ya mismo a hacerlas parte de tu vida diaria.

El factor "X"

Hoy me comprometo a:

Lectura d biblia

Habran con mi fam

Ejercicio

11

DE LO IMPORTANTE
A LO PRIORITARIO

"El paso del tiempo me ha dejado ver la gran sabiduría de hacer primero lo primero. Este proceso logra reducir el problema más complejo a una proporción más manejable".
—Dwight D. Eisenhower

...El más cínico de todos, inventó mil excusas y se marchó de inmediato, no sin antes exclamar con marcado sarcasmo: "¡Imposible! ¿A quien se le ocurre construir una carretera en este lugar? Lo mejor es olvidarse de esa locura y dejar las cosas como están".

¿*E*s posible descubrir cuáles son las prioridades de una persona sin hacerle ninguna pregunta? La respuesta es *sí*. Basta con mirar cuáles son las actividades en las que emplea su tiempo para saber con certeza cuáles son los valores más importantes en su vida. Lo que construye su carácter y labra su destino no es lo que ella diga valorar, sino lo que sus acciones demuestren que valora, ya que indiscutiblemente siempre optará por hacer lo que más valora.

Ahora bien, cada día trae consigo gran diversidad de dificultades y contrariedades que parecen necesitar atención inmediata. Es fácil caer en la trampa de permitir que estas urgencias —que aparentan ser importantes— tomen prelación sobre los planes a largo plazo. De ser así, corremos el peligro que la vida se vaya en solucionar problemas y preocupaciones de poca trascendencia a costa de sacrificar los objetivos a largo plazo.

De qué sirve, por ejemplo, que alguien afirme con vehemencia que es un buen padre y que la relación con sus hijos goza de gran valor; que así lo crea y lo sienta en su interior, si sus acciones dicen otra cosa. Si siempre llega tarde del trabajo, se sienta inmediatamente frente al televisor, ignorándolos por completo; si no sabe cómo les está yendo en la escuela, cuáles son sus intereses o si están enfrentando algún problema personal, sus acciones estarán expresando mucho más que sus palabras.

Inconscientemente, esta persona ha permitido que eso de menor valor tenga prioridad sobre lo de mayor valor.

Ser más productivo no significa correr más rápido, ganar más dinero o llegar más lejos que los demás. La verdadera clave de la acción enfocada consiste en asegurarnos que las actividades diarias reflejen nuestras prioridades más importantes. Si deseamos ser más exitosos y felices, el punto de partida no puede ser las actividades diarias y la rapidez con que seamos capaces de realizarlas. Debemos empezar por tener plena consciencia de los valores y principios que deseamos que gobiernen nuestra vida y asegurarnos que nuestra conducta y manera de actuar reflejan estos valores.

Si tu vida, tus sueños, tus metas y objetivos, tus estrategias y actividades diarias están cimentados en principios y valores sólidos, tu éxito está garantizado. Sin ellos es imposible asignar la prioridad correcta a tus acciones.

Si deseas asegurarte que tus tareas y actividades diarias sean las que en realidad debes estar realizando, tienes que estar seguro que respondan a tus metas a largo plazo, y que te están moviendo en dirección de tus sueños y propósito de vida. De no ser así, debes cuestionarte seriamente si son tan importantes como dices que son. Puedes creer que son primordiales proclamarlas como prioridades en tu vida, y sentirte feliz de contar con tan altos propósitos, pero si no estás haciendo nada al respecto, estás viviendo en una contradicción.

Con frecuencia, cuando escribo sobre la importancia de lograr total claridad con respecto a aquello que valoramos más, pienso en una de las personas más influyentes del siglo XVIII, Benjamín Franklin. Según él, lo que le dio un vuelco total a su vida, fue la decisión de romper con viejos hábitos que le detenían para utilizar su verdadero potencial, y tomar el tiempo necesario para descubrir los valores que gobernarían su forma de vida.

Al examinar la vida de este gran hombre, es posible ver cómo cada una de las metas que alcanzó estaba respaldada por valores y principios sólidos. Disfrutó de grandes éxitos en los negocios, fue inventor, científico, escritor, editor e impresor, líder cívico, filósofo y filántropo. Pero más importante aún, fue un hombre que buscó cosechar éxitos no sólo para su propio beneficio, sino también para el beneficio de los demás. Prueba de esto es que fue uno de los promotores y gestores de la independencia de Estados Unidos.

Pero todo empezó con su afán por lograr una mayor claridad acerca de los valores y virtudes que le ayudaran a vivir una vida balanceada, plena y feliz. Con este objetivo en mente, resolvió tomar el tiempo para identificar los diferentes valores que debían proveer dirección a su vida, y luego se dio a la tarea de adquirir cada una de las virtudes anotadas, una por una, manteniendo notas diarias acerca de su progreso. Este hábito de la autoevaluación se convirtió en un compromiso que perduró hasta el final de sus días.

En su autobiografía, Franklin expresó que debía su felicidad a la filosofía que él mismo había formulado medio siglo atrás, la cuál le permitió identificar trece valores que gobernarían su vida. Una filosofía que incluía los siguientes pasos:

1. **Identificar los diferentes valores que gobiernan tu vida.** Cuando hablo de valores me estoy refiriendo a tu "porqué", y como ya vimos, es posible determinar estos valores a partir de los sueños y metas que ya has escrito. Asegúrate de incluir valores que respondan a las diferentes facetas de tu vida: tu salud, tu vida profesional, espiritual, familiar, social, financiera y recreativa.

2. **Ordenarlos de acuerdo con la prioridad que cada uno de esos valores tenga para ti.** Tu habilidad para establecer prioridades entre tus valores, sueños, metas y actividades diarias es la llave para una mayor efectividad personal. El orden de prioridad que les des será de vital importancia en aquellos momentos en que encuentres conflictos entre tus actividades y debas decidir qué hacer y qué no.

    La persona para quien su éxito profesional está por encima de su integridad, es totalmente distinta a la que decide colocar su integridad por encima de su éxito profesional. De igual manera, la persona que da a su éxito financiero más importancia que a sus relaciones familiares vive una vida muy distinta a la de aquel que ha asignado una mayor prioridad a su familia que a sus finanzas. Como ves, dos personas pueden tener valores similares o iguales, pero el orden de prioridad que cada una de ellas haya establecido respecto a dichos valores puede hacer que terminen en lugares totalmente diferentes. La diferencia no radica en qué valoremos y qué no, sino en qué valoremos más.

3. **Escribir un pequeño párrafo en tiempo presente acerca de lo que cada uno de estos valores significa para ti.** Al igual que con tu propósito de vida, el objetivo aquí es definir los valores en pocas palabras, en términos precisos, sin caer en definiciones demasiado vagas o confusas.

Supongamos que después de realizar este ejercicio una persona descubre los siguientes valores y los ordena en este orden de prioridad:

1. **Espiritual.** Mi vida espiritual y mi relación personal con Dios guían mis acciones, decisiones y relaciones personales. Disfruto de paz interior sabiendo que mi manera de actuar no lastima a nadie y busca el beneficio de mis semejantes.

2. **Familia.** Todas mis acciones reafirman el profundo amor que tengo por mi familia. Me aseguro que mi vida sea un ejemplo a seguir para mis hijos. Todos los días trabajo para mantener una relación basada en el amor, el respeto y la valoración de mi pareja.

3. **Salud.** Disfruto de gran salud. Todas mis acciones, mis metas y mis comportamientos cuidan en todo momento de no afectar negativamente la gran salud y el estado físico del cual disfruto ahora.

4. **Profesión.** Estoy continuamente alerta a todas las oportunidades que puedan significar un progreso en

mi profesión y me aseguro de estar creciendo y desarrollando mis talentos y habilidades.

5. **Integridad.** Mi vida, mi carácter y mi personalidad se caracterizan por la integridad y rectitud de mis acciones. Nunca me involucro en actividades que vayan en contra de mis valores y propósito de vida.

Si examinamos los tres primeros valores, parecen estar en el orden correcto. Pero si miramos los dos últimos, éxito profesional e integridad, notamos que para esta persona su éxito profesional tiene mayor prioridad que su integridad. Veamos el efecto que el orden que ella ha decidido darle a sus valores puede tener en sus decisiones.

Supongamos que ella se encuentra frente a una oportunidad que podría significar un ascenso o avance en su carrera o en su empresa, pese a que puede traer consecuencias negativas para otra gente, u obligarla a actuar en contra de sus convicciones. Alguien para quien su éxito profesional es más importante que su integridad personal, seguramente no tendrá ningún inconveniente en considerar dicha oportunidad. Quizás logre justificar su decisión diciendo algo como: "Bueno, así es la vida" o "No estoy muy contento con mi decisión pero no podía dejar pasar esta oportunidad" o tal vez: "Total, si no acepto yo, alguien más lo hará".

De otro lado, alguien para quien su integridad goza de una prioridad mayor que su éxito profesional, seguramente no consideraría ninguna oportunidad que pudiera ir en detrimento de los demás o en contra de sus principios. ¿Ves la diferencia?

Así que no se trata simplemente de identificar tus valores. La prioridad que les asignes es igualmente importante. Se puede dar el caso de alguien más que posee estos mismos valores, pero su orden de prioridad es:

(1) Profesión, (2) Familia, (3) Salud, (4) Integridad, (5) Espiritual

Puesto que su profesión es su mayor prioridad, seguramente esta persona estaría dispuesta a sacrificar sus relaciones familiares si el hacerlo le brindase una mejor oportunidad de escalar posiciones en su trabajo. Muy probablemente tú habrás conocido a alguien cuyas decisiones indican que su éxito profesional es más importante que cualquier otra cosa.

Para esta persona, el estar fuera de casa doce horas diarias por razones de trabajo, el descuidar su salud o hacer frecuentes excepciones a su integridad, son simplemente parte del precio que hay que pagar para salir adelante en su carrera. Una persona que ha dado este orden de prioridad a los valores que gobiernan su vida encontrará muy difícil tener una vida balanceada y feliz.

¿Qué orden le darías tú a estos valores?

La paz interior ocurre naturalmente cuando nuestras metas y valores son congruentes. Cuando estamos haciendo lo que es verdaderamente importante para nosotros nos sentimos bien interiormente y experimentamos esa paz que nos dice que nuestras acciones están de acuerdo con nuestras creencias y valores. De otro lado, siempre que realicemos alguna acción que sea inconsistente con los valores, o con el orden que hemos asignado a estos principios, experimentaremos insatisfacción.

Es importante que periódicamente te detengas a examinar si existen inconsistencias entre tus actividades diarias y tus valores, y si es así, determina qué vas a hacer al respecto.

Si uno de tus valores es tu desarrollo intelectual, y te das cuenta que en los últimos dos años no has leído ni siquiera diez páginas de un libro, pero, en cambio, nunca sacrificas tus tres o cuatro horas diarias frente al televisor, entonces es tiempo de decidir qué vas a hacer respecto a esta incongruencia. ¿Vas a continuar pensando de una manera y actuando de otra, o vas a buscar consistencia entre lo que valoras y tu manera de actuar?

Acción enfocada:

Es hora de identificar los valores que gobernarán y guiarán tu vida. Para cada una de tus áreas: espiritual, familiar, salud, profesional, social, financiera y recreativa, escribe un párrafo corto –una declaración— que represente el "valor" o "porqué" que regirá tus acciones, metas y decisiones en dicha área. Identifícalos, escríbelos, y prométete a ti mismo, en este momento, que no considerarás propuestas, trabajos o actividades que no reafirmen dichos valores o que vayan en contra de ellos.

Esta es una de las decisiones más importantes que vas a tomar. Una vez que hayas realizado este ejercicio descubrirás que es mucho más fácil asignar prioridades entre las diferentes metas y objetivos que te propones alcanzar.

El factor "X"

Hoy me comprometo a: _____

Espiritoal. mi relacion con dios gia toda losareas
Fam. Soy el ejmplo y la guia de mishijos
Integridad.
Profecion.
Salud.

CAPÍTULO

12

LA REGLA DEL 80/20

"Mi abuelo solía decirme que había dos clases de personas: las dispuestas a trabajar y las que quieren llevarse el crédito. Me dijo que tratara siempre de estar en el primer grupo puesto que allí había mucho menos competencia".
—Indira Gandhi

...Día tras día venía con su mazo y le propinaba cientos de golpes a la gigantesca roca, asegurándose de concentrar todo su esfuerzo en el punto que había marcado desde un principio. Y pese a que nada parecía estar sucediendo, ni se advertía progreso alguno, su voluntad nunca desfalleció y en ningún momento sucumbió a la tentación de cambiar el punto en el cual había decidido concentrar su esfuerzo.

*L*a regla del 80/20 es uno de los conceptos más útiles para aprovechar el gran poder de la acción enfocada. Esta valiosísima idea fue presentada por primera vez por el economista italiano Wilfredo Pareto en 1895. Él la llamó la regla del 80% versus el 20%, observando que el 80% de la riqueza estaba en manos de un 20% de la población. Posteriormente Joseph M. Juran, consultor empresarial, expandió su aplicación al área de la calidad y descubrió que era posible separar las diferentes actividades de la persona promedio en dos grupos: las pocas cosas vitales y las muchas cosas triviales.

De acuerdo a él, el 20% de las actividades que una persona realiza producen un 80% de los resultados, mientras que el otro 80% de las actividades en un día promedio de una persona cualquiera no producen más que un 20% de los resultados. Esto significa que si tenemos una lista de diez cosas para hacer, dos de ellas tienen más valor que las ocho restantes, puestas juntas.

Este principio se ha aplicado virtualmente a todas las áreas de la vida. Se ha encontrado que en una empresa, por ejemplo, el 20% de los clientes producen el 80% de los negocios; en una tienda el 20% de los productos son responsables por el 80% de las ventas; un 80% del negativismo a que estás expuesto en tu círculo personal, generalmente proviene del mismo 20% de personas.

Sin embargo, una de sus aplicaciones más interesantes es la que tiene que ver con la productividad personal. Porque si de todas las actividades que realizamos durante el día, el 20% de ellas produce el 80% de los resultados, mientras que el otro 80% representan únicamente un 20% de nuestro éxito personal, esto quiere decir que pese a que cada una de ellas puede tomarnos el mismo tiempo, sólo una o dos van a aportar cinco o diez veces más valor que las demás.

Esta estadística debería ser suficiente para motivarnos a identificar ese 20% "esencial", y enfocar en él todo nuestro esfuerzo. La regla del 80/20 debería ser el patrón o criterio que nos ayude a enfocar nuestro esfuerzo —marcar la X— en el 20% de las labores y actividades que producen los más altos rendimientos. Estas acciones deberían ser las que primero realicemos cada día, así sean las más difíciles o las que con mayor frecuencia nos sacan de nuestra zona de comodidad.

También puede suceder que algunas de las actividades que comúnmente efectuamos requieran habilidades o aptitudes que no poseemos, de manera que el realizarlas exige gran esfuerzo de nuestra parte y los resultados no siempre son los que esperábamos. ¿Cómo nos puede ayudar la regla del 80/20 en tal caso? Te voy a dar un ejemplo de mi propia experiencia.

Durante los primeros años de vida de mi empresa, *Taller del Éxito*, yo era responsable por todas las ocupaciones que debían llevarse a cabo. No sólo escribía, leía e investigaba constantemente nuevo material, buscaba clientes y ofrecía mis seminarios y conferencias, sino que estaba a cargo de todas las funciones administrativas como el mercadeo, las ventas y la contabilidad.

Recuerdo haber desperdiciado una gran cantidad de tiempo en tareas contables en las cuales no había recibido ninguna clase de instrucción o entrenamiento, y que, a decir verdad, no me proporcionaban mayor satisfacción. Lo peor de todo es que mientras me dedicaba a estas y otras actividades que no producían *ingresos reales* para mi empresa, las ideas sobre nuevos libros –que eran la sangre y vida de mi empresa— dormían desatendidas en el disco duro de mi computadora.

Cuando conocí el principio de Pareto, rápidamente descubrí que cada hora que le quitaba a la escritura para dedicarla a la contabilidad le estaba costando dinero a mi empresa. Así que decidí dejar estos menesteres a otras personas que, no sólo los disfrutaban, sino que tenían mucho más talento para ellos, y me dediqué al 20% de las actividades responsables por el éxito y el crecimiento de mi empresa.

Así que siempre que estés a punto de realizar cualquier actividad, detente un momento y pregúntate: ¿Es esta actividad que estoy realizando, o que estoy a punto de realizar, parte del 20% responsable por la mayor parte de mi éxito? Toma el tiempo necesario para pensar antes de actuar y concéntrate en aquello que agrega más valor a tu día, contribuye a tu desarrollo personal y te acerca a la realización de tus sueños.

Curiosamente, la gran mayoría de las personas andan tan ocupadas con las trivialidades y preocupaciones de la vida diaria, que no tienen tiempo para pensar en lo que es realmente importante en sus vidas. No caigas en esta misma trampa. Evita trabajar en actividades del 80% inferior hasta que las actividades correspondientes al 20% superior estén realizadas en su totalidad. Tú mejor que nadie sabes cuáles de todas tus acciones, hábitos y actividades forman parte de ese 20%.

Recuerda que siempre tenemos la libertad de decidir lo que haremos primero. Esa capacidad para elegir entre lo que es importante y lo que no lo es determina, en gran medida, el éxito en la vida y en el trabajo. Decide hoy mismo invertir la mayor parte de tu tiempo en las actividades que realmente producen una diferencia en tu vida.

Toma una hoja de papel y escribe las que tú consideras que son las diez actividades de mayor importancia y trascendencia para tu éxito personal. Actividades, hábitos o acciones que hacen parte de ese 20% superior. Una vez que las escribas, léelas y efectúa un auto-examen para determinar si las estás realizando con la frecuencia y disciplina con que deberías estar haciéndolo.

Otra área en la cual puedes aplicar la regla de Pareto y optimizar así tu productividad personal es el área de las relaciones personales. El ser humano está destinado a vivir rodeado de otras personas. Las relaciones con los demás constituyen un aspecto central de nuestra existencia. Una y otra vez se ha podido demostrar que tanto como un 80% de nuestro éxito estará determinado por la calidad de las relaciones que mantengamos en las diferentes áreas de nuestra vida.

Las posibilidades de triunfar, ser feliz y avanzar más rápidamente en nuestro campo de interés, aumentan en la medida en que logremos desarrollar relaciones positivas con las personas correctas.

La gente exitosa convierte en hábito el construir y mantener relaciones de alta calidad a través de sus vidas, y así logra mucho más que la persona promedio porque han descubierto que de todas las personas que hacen parte de su círculo personal, familiar y profesional, sólo una pequeña parte representa una influencia positiva en sus vidas. Así que enfocan su esfuerzo en desarrollar relaciones positivas únicamente con estas personas. Han aprendido que las relaciones nocivas destruyen y debilitan la autoestima, nos sitúan en el papel de víctimas o victimarios, producen estrés y angustia, y nada positivo suele salir de ellas. Por eso es mejor evitarlas.

En tal sentido, podríamos aseverar que las personas son como los camaleones: imitan y adoptan las actitudes, comportamientos, valores y creencias de la gente con la que se asocian la mayor parte del tiempo.

Si analizas concienzudamente tus relaciones, descubrirás que la mayoría de los problemas y conflictos en tu vida son el resultado de establecer vínculos equivocados con gente equivocada. De igual manera, los grandes éxitos en la vida son el producto de entrar en contacto con personas con quienes puedas establecer relaciones positivas.

La lección es sencilla: si quieres ser exitoso, asóciate con gente exitosa, optimista y feliz, que posea metas claras y que se esté moviendo hacia adelante en su vida. Al mismo tiempo, aléjate de las personas negativas, que sólo critican y se quejan por todo. Sin embargo, como escribo en mi libro, "La Ley de la Atracción", tú no puedes atraer hacia ti algo que ya no se encuentre en tu interior. No puedes pretender atraer personas positivas y optimistas hacia ti si tú eres pesimista y negativo.

Poco después de empezar mi empresa, descubrí la importancia de rodearse de la gente correcta (clientes, socios, y colaboradores). Pude observar, por ejemplo, que un pequeño grupo de clientes era responsable por la mayoría de los ingresos de mi empresa. Así que me di a la tarea de identificar estos clientes y enfocar mi esfuerzo en desarrollar productos y servicios que respondieran a sus necesidades.

También descubrí que es imposible tener una gran empresa con gente mediocre. Así que me propuse construir un equipo de trabajo fuera de serie, con aquel 20% de gente que debido a su talento y habilidades producía más y mejores resultados que los que yo podía lograr por mis propios medios. En ambos casos, el haber aplicado la regla del 80/20 produjo un mayor rendimiento y productividad, que se vio reflejado en mayores ventas y menores costos.

La lección es sencilla: encamina tu esfuerzo hacia las actividades, aptitudes y personas que tienen la posibilidad de producir los mejores resultados para todas las partes involucradas, y muy pronto podrás apreciar el verdadero poder de la acción enfocada.

Acción enfocada:

¿Cómo poner en práctica hoy mismo este extraordinario principio? Hay dos decisiones que podemos tomar en este momento para comenzar a disfrutar la vida que tanto deseamos:

Podemos hacer más de esas cosas que agregan valor a nuestra vida y nos producen mayor satisfacción. Si son ocupaciones y comportamientos que no forman parte de nuestra manera de ser en este momento, podemos decidir adoptarlos y convertirlos en hábitos.

Podemos hacer menos, o eliminar completamente las acciones y comportamientos que agregan poco valor a nuestra vida y que pueden estar deteniéndonos para lograr nuestras metas.

El factor "X"

Hoy me comprometo a: _eliminar relaciones q no me ayudan a Alcanzar mis metas_

13

EL ARTE DE SABER DECIR ¡NO!

"Además del noble arte de realizar las tareas,
existe el noble arte de dejarlas sin realizar".
—Lin Yutang

...Pese a las burlas, su confianza no flaqueó; ignorando las críticas y negándose a escuchar a quienes buscaban disuadirlo de su compromiso, continuó entregado a su labor, aún después de enterarse que quienes lo habían contratado ya habían comenzado a realizar planes alternos ante la evidente imposibilidad de despejar el camino.

*B*asta con consultar cualquier diccionario para darse cuenta que la palabra "no", del latín *non*, es una de las más sencillas de nuestro idioma, desde el punto de vista gramatical. Sólo tiene dos letras y hasta donde he podido encontrar, en la gran mayoría de sus usos tiene un solo significado: negar algo.

Sin embargo, no deja de asombrarme que ante una petición o solicitud que nos haga cualquier persona, a la que francamente nos gustaría negarnos, nos resulta casi imposible decir "no". De hecho, el responder "no" con firmeza y seguridad es para muchos de nosotros tan difícil que preferimos utilizar expresiones como: "Con mucho gusto...", "Sería un placer..." o "A qué horas necesita que esté ahí...", frases que no sólo son mucho más largas y complejas, sino que expresan lo opuesto a lo que queríamos —y debimos— decir.

Parece que la simple tarea de decir "no" se ha convertido en un verdadero arte que pocos han aprendido a cultivar. Es un inconveniente tan generalizado, que a la gran mayoría les resulta increíblemente complicado pronunciar esta pequeñísima palabra sin sentirse culpables o creer que lastimarán a alguien.

Lo interesante es que no siempre fue así. Cuando teníamos dos años de edad no se nos dificultaba hacerlo. "¿Quieres irte a dormir ya?" ¡No! "¿Vas a comerte las verduras?" ¡No! "¿Quiere parar de jugar?" ¡No! "¿Quieres compartir tus juguetes con tu hermanita?" ¡No!

Sin embargo, parece que la edad y nuestra obsesión por tratar de mantener feliz a todo el mundo han entorpecido esta acción que antes ejecutábamos con enorme facilidad.

¿A qué se debe que nos cueste tanto decir "no"? La razón más frecuente parece ser la búsqueda de aprobación. En nuestro afán por ser buenas personas, caer bien, agradar a los demás, ser tolerantes, comprensivos y amables, estamos dispuestos a sacrificar nuestro bien más valioso: nuestro tiempo.

Sin embargo, el *factor X* es claro en señalar que el tiempo y la energía son nuestros recursos más preciados, y si los estamos empleando en un área, en virtud de dicha decisión habremos elegido no emplearlos en otra. Es decir, cuando optamos por decir "sí" a una cosa, le estamos diciendo "no" a otra. De manera que uno de los hábitos más importantes que debemos desarrollar es aprender a decir "no" a todo lo que nos esté distrayendo de enfocar nuestro esfuerzo en lo verdaderamente importante.

Muchos no somos conscientes del enorme desgaste que

surge como resultado del exceso de compromisos, hasta que nos damos cuenta que el tiempo disponible es cada vez menor, y que las horas que dedicamos a complacer las peticiones de los demás son las mismas que deberíamos estar utilizando para trabajar en el logro de metas personales, familiares y profesionales.

Como resultado de nuestra incapacidad para decir "no", perdemos enorme cantidad de tiempo en actividades que no deberíamos estar realizando. Le decimos "sí" a cada invitación, interrupción, propuesta o distracción que se atraviesa en el camino. Decimos "sí" inclusive a las cosas que sabemos que no vamos a poder hacer, o a las que simplemente preferiríamos negarnos.

Sentimos que así no queramos hacer algo porque no tenemos tiempo para ello, o no nos sentimos preparados para realizarlo, es obligación por lo menos mostrar que estamos dispuestos. El problema obviamente es que si cualquiera de estas razones es cierta no vamos a poder hacer un buen trabajo, lo cual se reflejará pobremente en nosotros, a pesar de las buenas intenciones. En otras palabras, quedamos mal con la otra persona y con nosotros mismos.

No es coincidencia que este sea el más largo de todos los capítulos, ya que la sobresaturación que viene como resultado de la incapacidad para decir "no" es uno de los peores enemigos de la acción enfocada.

Sin duda, una de las razones por las cuales la mayoría de las personas viven en un caos constante, tratando de mantenerse a flote y sucumbiendo ante las urgencias cotidianas, es que erróneamente creen que deben hacer todo lo que se interponga en su camino; piensan que deben aceptar cualquier invitación que se les haga; creen que deben contestar el teléfono siempre que este suene; se sienten obligadas a escuchar los problemas o historias de otros por decencia, así les estén robando un tiempo valioso.

Bien dice el adagio: "Es simple complicarse la vida. Lo complicado es simplificarla". ¿Cuál es el mejor hábito que podemos adquirir para simplificar la vida? El habito de decir "no" con más frecuencia; *no* a las interrupciones sin sentido; *no* a las distracciones que nos roban el tiempo; *no* a las actividades que agregan poco valor a la vida; *no* a lo innecesario e irrelevante.

Con tu tiempo sucede como con tu dinero: todo el mundo tiene una idea u opinión sobre cómo deberías emplearlo y si tú no decides cómo invertirlo ten la plena seguridad que otros decidirán por ti. Así que asegúrate de estar invirtiendo tu tiempo en tus prioridades y no en las prioridades de los demás.

Muchas personas se quejan de la poca consideración que otros tienen por su tiempo y no pueden entender por qué siempre les están pidiendo favores, distrayéndolos con trivialidades sin sentido, o haciéndoles perder el tiempo con sus interminables chismes e historias; se quejan como si su tiempo fuera responsabilidad de los demás, sin entender que son ellos los únicos responsables de darle buen uso a su tiempo. Comienza a valorar tu tiempo, negándote a hacer cosas que no estén agregando valor a tu vida, y pronto verás cómo los demás comenzarán a hacer lo mismo.

Muchos tienen dificultad para decir "no" porque creen que deben hacer todo personalmente o que deben hacerlo ya mismo, sacrificando, con frecuencia, actividades de mayor importancia. El buen administrador del tiempo ha aprendido a descongestionar su día cultivando un buen ojo para detectar acciones de poca o ninguna importancia para su futuro, y evitándolas a toda costa.

El escritor chino Lin Yutang, escribía: "Además del noble arte de realizar las tareas, existe el noble arte de dejarlas sin realizar". Por supuesto, no se trata de evadir responsabilidades, sino de invertir tu tiempo de la manera más efectiva posible.

Si se te presenta de manera imprevista una situación que interfiere con los objetivos que ya tenías planteados, no sientas que tienes que abrirle campo o cambiar todos tus planes. Simplemente di "no". No tienes que ser rudo, ni tienes por qué inventar excusas. De manera cortés y calmada di "no". Eso es todo.

Hay personas a quienes les preguntas: "¿Puedes atender esta reunión el próximo martes?" y te responden: "Sí, sí, cuenta conmigo. Allá estaré". Dos días antes las llamas para reconfirmar y te dicen: "Si claro, a menos que algo suceda allá llego sin falta". Y después de confirmar y reconfirmar no aparecen en la reunión. No obstante, cuando les preguntas la razón, te explican que tenían un compromiso para ese día desde mucho antes, pero los apenaba no aceptar la invitación.

¿Por qué no decimos esto desde un comienzo? No lo entiendo; preferimos quedar mal que negarnos a aceptar una invitación, a pesar de saber que no podremos asistir. Lo peor de todo es que no saber decir "no" nos condena a un círculo vicioso en el que cada vez nos comprometemos a hacer más cosas, lo cual crea mayor angustia y estrés.

Como resultado de esto, acabamos siendo miembros

de cuanta organización, comité o grupo se nos presenta, terminamos haciendo el trabajo de otros a costa de nuestras propias responsabilidades, o perdemos gran cantidad de tiempo en lugares o situaciones donde no queremos estar, con gente que no nos gusta y haciendo cosas que no deseamos, todo por la incapacidad de decir "no".

¿Qué nos mueve a hacer esto? A veces lo hacemos para evitar situaciones de confrontación o porque tememos ofender a otro si nos negamos a aceptar su invitación o hacer lo que nos piden. Creemos que ser un verdadero amigo es siempre estar a disposición de la otra persona. Sentimos que si hacemos esto, ellos harán lo propio con nosotros en el futuro.

Otras veces sentimos que no pudimos negarnos ya que la situación en cuestión se presentó de manera imprevista, nos puso entre la espada y la pared y no tuvimos más opción que aceptar. Si te sucede esto con frecuencia, simplemente recuerda que cuando estés desperdiciando tu tiempo, haciendo cosas que son importantes para otros, pero no para ti, es tu tiempo el que estás malgastando.

En situaciones extremas, si tienes gran dificultad para decir "no" –y sólo en estas circunstancias— comienza por decir algo como: "Déjame pensarlo y te llamo en un momento", o "Tendré que consultar mi agenda primero". Recuerda que siempre que alguien te haga una petición, estás en tu derecho de pedir un tiempo para pensarlo, así tomas el espacio para evaluar aquellas actividades prioritarias en las que debes invertir ese tiempo. En ocasiones, esta estrategia es suficiente para ayudarnos a tomar la decisión de decir "no" con confianza y sin sentirnos culpables.

La próxima vez que estés ocupado trabajando en algo

importante y tu mejor amigo te llame para que lo acompañes al aeropuerto a recoger a su tía, porque le da pereza ir solo, simplemente dile "no". Ten presente que el decir "sí" cuando en verdad queríamos decir "no" sólo creará resentimiento contra la otra persona por no tener consideración con tu tiempo, y contra ti por no tener la fuerza para ser auténtico contigo mismo.

No tienes que inventar excusas, ni decir mentiras. Tampoco tienes que tomar una postura agresiva u ofensiva. Muchos creen que para evitar que la otra persona insista deben decir cosas como: "¿Estás bromeando, tú crees que no tengo nada mejor que hacer?", o "¿Acaso crees que soy tu chofer o que tengo tiempo de sobra para desperdiciarlo así?"

Nada de esto es necesario. Simplemente le dices: "Lamento no poder hacerlo, pero estoy muy ocupado", o "¿Sabes qué? En este momento no puedo aceptar más compromisos de los que tengo". Es así de simple.

Hazlo y verás cómo, a pesar de tus temores, nadie va a pensar que te has transformado en un ogro, ni tus hijos van a pensar que te has convertido en "una mala persona", ni tus amigos te van a abandonar, ni serás el menos popular en el trabajo. Es posible que en principio algunos se molesten un poco, porque ya no eres el tonto que le dice "sí" a todo, pero a la larga aprenderán a respetar tu tiempo, porque se darán cuenta que tú también has aprendido a hacerlo.

¿Qué hacer y qué no hacer?

Un buen punto de partida para decidir qué *no* hacer es determinar cuál es el impacto que tendrá en tu futuro lo que estás a punto de realizar. Si algo es realmente trascendente, el hacerlo o dejarlo de hacer tendrá grandes consecuencias

–positivas o negativas– a la postre.

Si antes de llevar a cabo cualquier actividad evalúas su impacto futuro, podrás determinar si esta responde a una de las prioridades importantes en tu vida o no.

Desarrollar tus capacidades, leer, incrementar la comunicación con tu pareja o hacer ejercicio, por ejemplo, son acciones que tienen un gran impacto positivo en tu vida si las tomas en serio, o negativo si las ignoras. Ver televisión o leer el periódico son actividades de baja prioridad, porque fuera de proveer cierta distracción pasajera no van a tener un impacto positivo en tu familia, tus negocios o tu vida. Nada trascendental va a ocurrir como resultado de leer el periódico todos los días.

Así que cada vez que encuentres algo que creas que requiere tu atención, antes de realizarlo pregúntate si de verdad debes atenderlo o puedes simplemente ignorarlo. Si puedes ignorarlo y olvidarte de ello es porque seguramente no es importante para tu éxito. Entonces olvídalo.

Obviamente, el éxito de esta estrategia depende en gran medida de tener total claridad en cuanto a los objetivos, metas y sueños que persigues. Sólo así podrás decidir en qué enfocarte, dejando de lado las otras cosas que no contribuyen a tu plan de éxito. No tienes idea de la gran cantidad de tiempo perdido que reencontrarás simplemente olvidándote de las incontables trivialidades que hoy atiendes diligentemente, a costa de lo verdaderamente importante.

Ahora bien, si concluyes que dicha actividad es simplemente algo que no puedes ignorar, no sientas que tienes que parar todo lo que estés haciendo para llevarla a cabo inmediatamente. Determina primero si puedes posponerla para más tarde.

No me refiero a dilatar las cosas sin ninguna razón, ni caer víctimas del síndrome del "mañana", sino de buscar el mejor momento para realizar dicha labor de la manera más eficiente y efectiva. Si encuentras que puede esperar, entonces asegúrate de asignar una fecha y una hora determinada para su realización.

Si juzgas que el asunto en cuestión no puede ser pospuesto y debe ser atendido ya mismo, no te precipites aún a dejar lo que estás haciendo para realizarlo. Determina si puedes delegarlo a otra persona. La clave está en asignar dicha actividad a alguien que pueda realizarla más rápido, de manera más eficiente, o mejor que tú.

Probablemente estás pensando que a la gente no le gusta recibir tareas de otros. Sin embargo, algunos estudios muestran exactamente lo contrario: a una gran mayoría de las personas no les molesta en lo más mínimo, mientras se sientan capacitadas para realizarlas; así que el éxito radica en escoger a la persona indicada que las lleve a cabo.

Una vez que has ignorado lo que en realidad no tienes que hacer, has pospuesto o delegado otras actividades, sólo entonces puedes hablar de qué hacer y cómo hacerlo; no antes. El problema es que la mayoría de nosotros hemos sido entrenados para "hacer", muchas veces sin pensar.

Por esta razón me atrae tanto el libro de Napoleón Hill, "Piense y Hágase Rico", porque nos indica que el secreto está en pensar antes de actuar. Actuar de manera enfocada requieren pensar, planear y entonces sí actuar, lo cual exigirá decirle "no" a ciertas cosas sin sentirte culpable por ello.

Recuerda que decir "no" es tu derecho. Negarte a hacer

algo, a tomar una decisión precipitada o a aceptar una invitación no debe ser tomado como una actitud de egoísmo. Es todo lo contrario, no saber decir "no" puede estar enviando la señal equivocada. Tal incapacidad puede ser interpretada como una muestra de una actitud débil y una pobre autoestima que se reflejan en una excesiva necesidad de ser aceptado por los demás.

Acción enfocada:

El solo hecho de aprender a decir "no" eliminará muchas de las trivialidades que hoy aglutinan tu día y no te dan tiempo para lo verdaderamente importante. Recuerda que cuando le dices "si" a invitaciones, propuestas o compromisos de baja prioridad, le estás diciendo "no" a tu familia, a tu tiempo para hacer ejercicio y a muchas otras prioridades. Decide correctamente siempre que estés a punto de hacer algo que exigirá la inversión de tu tiempo.

Una buena manera de crear este nuevo hábito es identificando las personas, propuestas o compromisos que con mayor frecuencia te ponen en situaciones donde encuentras difícil negarte. Escríbelas y pregúntate qué dificulta el decir no. ¿Es esta razón real, o es solamente producto de tus suposiciones? No permitas que otros te hagan sentir obligado a hacer algo, ni que empleen el arma de la culpabilidad contigo.

El factor "X"

Hoy me comprometo a: _Decir No d inuitaciones d Fiestas a No Platica Negatiuas_

_____

_____

_____

_____

_____

14

EL SÍNDROME
DEL "MAÑANA"

*"¿Qué nos hace pensar que triunfaremos y seremos felices
mañana cuando no tuvimos el coraje para triunfar
y ser felices hoy?"*
—Orison Swett Marden

*...Al enterarse de las dificulta-
des manifestadas por los anteriores
contratistas, el joven emprendedor
afirmó con confianza: "Sé que no será
tarea fácil; sin embargo, siempre he creído que si encaramos las cosas difíciles con arrojo y prontitud, las
imposibilidades suelen resolverse por sí solas".*

lbert Einstein decía: "Para que cualquier cosa suceda, primero hay que hacer algo". Nada ocurre a menos
que actuemos. Sin embargo, los que sufren el síndrome
del mañana no parecen entender este simple principio. Su
credo parece ser: "Nunca hagas hoy lo que puedas dejar
para mañana".

Parecemos estar posponiendo constantemente el éxito
y la felicidad asumiendo que el día óptimo no es hoy, sino
mañana. Sin embargo, ¿qué razón tenemos para pensar que
seremos felices, generosos o productivos "mañana", o en el
futuro, cuando no fuimos capaces de serlo hoy? ¿Cómo imaginas que mañana podrás realizar algo importante cuando
decidiste no hacerlo en el momento? ¿Cómo esperas tener
tiempo de sobra más adelante, para prestar atención a tus
relaciones, para trabajar en mejorar tu salud o en desarrollar
hábitos de éxito, cuando crees que hoy no puedes ocuparte

de estas cosas?

Una de las mentiras que con mayor frecuencia nos decimos a sí mismos es que hoy no es el mejor día para actuar pero mañana si lo será. Buscamos convencernos que pese a que queremos atraer el éxito y la felicidad, lo más prudente es esperar.

Mañana, mañana, mañana. Llámalo pereza, dilación o procrastinación. El síndrome del mañana consiste en postergar actividades prioritarias que debemos atender, prefiriendo realizar en su lugar otras cosas irrelevantes pero quizás más agradables o menos dificultosas. Es posponerlas para más tarde, con la esperanza que, de alguna manera, si las aplazamos lo suficiente, tarde o temprano se solucionarán por si solas o alguien más las realizará por nosotros.

De esta manera, muchas personas dilatan cotidianamente ciertos asuntos que implican un mayor esfuerzo, una molestia o un resultado incierto. Conscientemente, optan por evitar asuntos importantes en su vida para evitar los riesgos o posibles conflictos asociados con dicho asunto. Por ejemplo, un empresario que aplaza a diario una reunión con un nuevo prospecto para evitar la posibilidad de un rechazo a su propuesta, o un estudiante que sistemáticamente pospone estudiar para un examen para no descubrir lo poco preparado que está.

Por alguna razón, los que posponen llegan a convencerse a sí mismos que el día de mañana presenta mejores perspectivas para resolver el asunto, cuando la verdadera razón, en la mayoría de los casos, es su falta de resolución para lidiar con la situación que tienen en frente.

Sin embargo, "mañana" termina por convertirse en el

...n de semana, y el fin de semana en la semana entrante, y la siguiente semana en el mes que viene... y así se van pasando los días.

Con el tiempo, el posponer lo que se debe hacer comienza a crear peores problemas. Así que en lugar de comprometerse con una fecha específica para la realización de cualquier tarea, prefieren utilizar expresiones vagas como: "Lo realizaré cuando tenga tiempo", o "Ya lo haré un día de estos". "Mañana le hago la reparación al auto", "La próxima semana llamo al nuevo cliente", "El próximo mes voy al doctor".

Tristemente, muchas veces pagamos muy caro las consecuencias de nuestro retraso innecesario, ya sea con un auto averiado a la vera del camino, un cliente perdido por falta de atención oportuna, o un delicado tratamiento médico que debe realizarse como consecuencia de un síntoma que no fue atendido a tiempo.

Al principio, el que posterga no se preocupa demasiado porque cree que tarde o temprano atenderá lo que viene posponiendo y justifica su propia inactividad arguyendo que no es que esté eludiendo su responsabilidad, sino que está esperando el momento más adecuado; pasado el tiempo, se enciende una luz de alerta en su mente y allí comienza la ansiedad y posteriormente viene una etapa de autoengaño: "Todavía tengo tiempo", "Si ya esperé todo este tiempo, unos días más no van a hacer mayor diferencia", hasta que finalmente llega la crisis, y ya no puede evitar más lo que tiene que hacer, se desespera, y responde lo mejor que puede a costa, por supuesto, de su productividad y efectividad.

¿Cuántas veces te ha sucedido, por ejemplo, que mientras trabajas en tu escritorio encuentras un recibo o una cuenta que ya llevan más de una semana perdidos entre el montón de cosas por atender y descubres que debes pagarlo a más tardar en tres días?

Sin embargo, para no interrumpir lo que estás haciendo, después de unos minutos de revisarlo decides colocarlo en un sitio donde te sea fácil verlo más tarde y al terminar tus labores, lo ves, pero decides dejarlo para el día siguiente; "después de todo, ya hoy está tan tarde que da lo mismo hacerlo hoy que hacerlo mañana en la mañana", piensas, tratando de justificar tu desidia.

Al día siguiente lo ves, lo vuelves a leer y luego lo pones ahí, cerca a la pantalla de la computadora, de manera que puedas atenderlo un poco más tarde; al final de la tarde, lo vuelves a mirar otros minutos más, te apuras al saber que la fecha límite para su pago se acerca, pero estás demasiado cansado para ocuparte de ello, así que decides pegarlo a la pantalla de tu computadora con una nota que dice: "Ojo ¡debe hacerse hoy!", de manera que al día siguiente no haya forma que se te pueda pasar por alto.

A la mañana siguiente lo ves, lo lees nuevamente, haces una nota mental que "de hoy no puede pasar el enviar el pago", porque las consecuencias van a ser costosas. Así que el saber que lo vas a atender hoy te da un poco de tranquilidad, y comienzas tu trabajo, prometiéndote que antes de almuerzo darás cuenta de ello.

Cuatro días más tarde, enfadado con todo el mundo, no puedes entender cómo se te pudo olvidar el pago de aquel recibo, mientras reniegas por el hecho de no tener suficiente tiempo para atender tu trabajo y todas las otras obligaciones que tienes, como el pago de recibos que llegan a último minuto. Pero lo que más te molesta es el tener que pagar altos intereses por sólo una semana de retraso y haber tenido que sacar un par de horas para ir personalmente al banco a pagar el recibo.

¿Te suena familiar esta situación? Lo peor de todo es que has terminado por gastar cuatro o cinco horas en algo que, de haberlo atendido a tiempo, habría tomado sólo un par de minutos. Así es que *el síndrome del mañana* sabotea nuestra productividad, robándonos el tiempo.

Yo desarrollé una táctica para lidiar con todos los documentos, recibos y correos electrónicos que llegan a mi escritorio, de tal forma que todo papel que llegue a mi escritorio que requiera mi atención, lo miro una sola vez. Cuando lo dejo de lado es porque ya le he dado solución, así sea tirarlo a la basura. Así sólo tengo que verlo y leerlo una vez y después puedo olvidarme del asunto. Haz esto y verás cómo comienzas a eliminar el síndrome del mañana.

Recuerda que hoy tienes más tiempo del que tendrás mañana. Ese solo factor hace de *este día* algo muy importante, porque mañana, el *día de hoy* será simplemente un recuerdo; el recuerdo de un tiempo bien invertido, o de un tiempo perdido. La buena noticia es que hacer de este, un día glorioso e inolvidable, está en tus manos.

En lugar de actuar con prontitud, muchos prefieren malgastar su tiempo buscando excusas para justificar su mediocridad. Por ejemplo en la escuela, muchos estudiantes llegan a convencerse que lo suyo no es pereza, ni desidia, sino que a propósito dejan todo para último minuto porque ellos "trabajan mejor bajo presión".

Claro que la verdad no es que trabajen mejor bajo

presión, sino que terminan por hacer lo mejor que pueden cuando están entre la espada y la pared y se les ha agotado el tiempo. Pero eso no quiere decir que han hecho el mejor trabajo que hubieran sido capaces de realizar, si hubieran actuado a tiempo.

Es posible argüir que la razón por la cual muchos tienden a aplazar para después algunas tareas, es porque esas son las cosas que les disgusta hacer, las que les generan ciertos temores, no son muy placenteras o que exigen un mayor esfuerzo de su parte. Pero inclusive en tales casos, postergarlas es una de las peores decisiones que se pueden tomar, ya que lo único que esto logra es prolongar el estrés y la ansiedad asociados con la realización de dicha actividad.

Es una mejor opción hacer lo que tememos hacer o lo que no nos gusta, primero. De esta manera, desalojaremos este peso de la mente y el resto del día transcurrirá de forma más placentera.

Acción enfocada:

Examina todas las decisiones que has tomado en el último año y que no has logrado traducir en acción. Determina cuál era la meta específica que querías alcanzar al tomar dicha decisión, e identifica una actividad que puedas desarrollar inmediatamente, que te ayude a dar el primer paso hacia la realización de dicha meta.

Decide hoy mismo que de ahora en adelante serás la clase de persona que actúa con prontitud y proactividad. No permitas que el *síndrome del mañana* te robe la oportunidad de triunfar y ser feliz hoy. Determina en qué áreas de tu vida tiendes a posponer decisiones con mayor frecuencia, ¿es en tu trabajo, en la familia o quizás en cosas que afectan tu salud? Identifica por qué tiendes a posponer lo que sabes que tienes que hacer, y desarrolla una táctica efectiva para responder en el futuro cada vez que esta tendencia comience a mostrar su cara.

El factor "X"

Hoy me comprometo a: _____

_____

_____

_____

_____

_____

15

LA TRAMPA
DEL PERFECCIONISMO

"Si un escritorio atiborrado es señal de una mente atiborrada, ¿qué nos indica un escritorio vacío?"
—Albert Einstein

> *...La próxima persona en eva-*
> *luar el proyecto tomó un poco más*
> *de tiempo examinando el terreno,*
> *pero al final llegó a la misma con-*
> *clusión: "No es imposible, y en otras*
> *circunstancias yo estaría en capacidad de lograrlo",*
> *expresó con firmeza. "Sin embargo, sin los recursos*
> *y equipo necesarios para hacerlo va a ser imposible".*

Contrario a lo que muchos piensan, el perfeccionismo no es parte esencial del éxito. De hecho, son los errores y fracasos producto de decisiones imperfectas, los que poco a poco nos enseñan a tomar mejores decisiones.

Esforzarse por actuar con excelencia, ser meticuloso y querer hacer las cosas bien son siempre actitudes saludables; no hay nada de malo en ellas. La trampa del perfeccionismo no consiste en fijarse unos estándares elevados sino imponerse estándares inalcanzables. Es creer que cometer errores es inaceptable y que cualquier cosa que se haga debe estar libre de faltas. Es querer hacer perfectamente todo lo que se intenta, mejorándolo continuamente, con la seguridad que aún puede estar mejor, o decidir que sólo darás el primer paso cuando hayas alcanzado la perfección. Esta actitud sí es nociva y nos coloca en una posición vulnerable.

Pese a que querer dar siempre el 100% en todo lo que

hacemos es admirable, la verdad es que en la mayoría de los casos, nuestro mejor esfuerzo suele ser suficiente. Contrario a lo que muchos puedan pensar, no siempre se requiere hacer algo perfectamente para lograr los objetivos y triunfar en la vida. De hecho, cada día miles de personas dan menos del 100% y aún así alcanzan sus metas.

El perfeccionismo no es un ingrediente necesario de la acción enfocada, ya que la persona exitosa sabe que las equivocaciones y las caídas son parte del éxito. Por su lado, el perfeccionista no acepta que cometer errores sea algo natural, sino que lo ve como un defecto personal que no tiene por qué ocurrir. Por esta razón, la simple idea de equivocarse le produce temor y angustia a tal punto que se paraliza y no puede actuar.

Es importante no confundir el perfeccionismo con el deseo de lograr mejores resultados. El perfeccionismo se caracteriza por una excesiva autoexigencia que produce frustración cuando los planes no salen con la perfección esperada, lo cual suele suceder casi siempre, ya que en la mayoría de los casos las expectativas superan a las posibilidades reales.

Para el perfeccionista existe una sola manera de hacer las cosas; piensa que si hay que hacer algo, debe hacerse perfectamente o no hacerse; cree que el cometer errores lo hace menos exitoso, menos agradable e incluso menos valioso; considera que las cosas están *bien* o *mal* hechas y que no hay nada entre estos dos extremos. Sin embargo, creer que sólo podemos escoger entre dos opciones —lo perfecto y lo imperfecto— nos impide ver todas las posibilidades existentes.

Es fácil reconocer a la persona que ha caído víctima del

mal del perfeccionismo: es quien, cuando debe escribir algo, desperdicia horas escribiendo y reescribiendo cada documento, lo que hace que en ocasiones no llegue a terminar sus trabajos por falta de tiempo; su escritorio o lugar de trabajo nunca le parecen lo suficientemente limpios y ordenados; siempre está posponiendo las acciones que debe realizar, esperando que se den todas las condiciones ideales.

Cuando lo planeado no sale de acuerdo a las expectativas, el perfeccionista se culpa y se castiga, a veces con excesiva severidad; nunca delega porque le parece que nadie lo hará tan bien como él, y teme probar lo nuevo ya que el miedo a equivocarse le impide correr riesgos.

En el ámbito empresarial o de trabajo, el perfeccionismo suele venir acompañado de baja productividad. ¿A qué se debe esto? A pesar que la búsqueda de la excelencia y las grandes expectativas del líder suelen conducir a un mejor desempeño de los equipos de trabajo, si el grupo percibe que la perfección es el único resultado admisible, cada aspecto de su desempeño se afecta.

Las organizaciones con personas perfeccionistas en posiciones de liderazgo suelen estar plagadas de grandes dificultades en áreas como la toma de decisiones, la delegación de responsabilidades y la innovación, debido al excesivo temor para asumir cualquier riesgo. Lo peor de todo es que a pesar de los esfuerzos del líder perfeccionista por mejorar la calidad y el desempeño del equipo, la productividad y el rendimiento son generalmente los aspectos que más se afectan.

Hay tres tipos de líderes perfeccionistas: (a) Los que exigen perfección absoluta de sí mismos. (b) Los que la demandan de los demás. (c) Los que creen que el medio les exige la perfección en todo lo que hacen.

(a) Los líderes que demandan perfección de sí mismos suelen evitar todo tipo de riesgos, son excesivamente cautelosos y con frecuencia son víctimas de la procrastinación; desperdician gran cantidad de tiempo y energía en detalles irrelevantes y esta es su manera de evadir las actividades en las que exista la menor probabilidad de fallar.

(b) Los que creen que los demás deben ser perfectos tienen gran dificultad para delegar responsabilidades, buscan controlar personalmente cada detalle ya que están convencidos que si quieren que algo quede bien hecho deben hacerlo ellos mismos.

Al ser extremadamente exigente consigo mismo y con los demás, el perfeccionista tiene poca tolerancia hacia los errores ajenos y prefiere no delegar tareas por temor a terminar decepcionado. Piensa que si delega algo, se está buscando problemas y que tarde o temprano tendrá que volver a hacer lo que delegó. Como resultado de esto, con frecuencia termina asediado por obligaciones que otros deberían estar realizando y acaba convirtiéndose en "adicto al trabajo".

(c) Quienes sienten que su medio les exige ser perfectos, sufren la presión de creer que viven bajo el escrutinio de quienes los rodean (el mercado, los accionistas, sus superiores, empleados y colegas) tienden a ser poco productivos dado que están tan ocupados en ser "perfectos" que no les queda tiempo para nada más. Con frecuencia derrochan innecesariamente tiempo y energía en detalles irrelevantes, y a pesar de las múltiples correcciones y revisiones nunca están del todo satisfechos con el resultado final.

¿Reconoces alguna de estas características en tu manera de ser o actuar? Si es así, asegúrate que no sea un síntoma de este gran enemigo del éxito. No olvides que el perfeccionismo es un mal hábito disfrazado de virtud. Y al estar camuflado de virtud parece más amigo que enemigo, pero en realidad es responsable de muchas frustraciones y sueños fallidos.

El perfeccionista termina diciendo cosas como: "Sí, entiendo la importancia de hacer ejercicio e ir al gimnasio, pero pienso que si lo voy a hacer, pues vale la pena hacerlo bien o no hacerlo; y en este momento no siento que pueda dedicarle a esa actividad todo el tiempo que merece, así que mejor la voy a dejar para después".

¿Ves cómo este mal hábito puede sabotear tu éxito? Esta actitud nos paraliza y terminamos por creer que si no vamos a poder dar el 100% en una actividad, es preferible abandonarla antes de empezar. De esa manera, por miedo a no tener la seguridad de vencer en todas las batallas, optamos por no ganar ninguna.

Tú no tienes que saber cómo hacer algo perfectamente, o contar con las condiciones óptimas antes de empezar. Es más, la única manera en que puedes llegar a hacer algo bien es si asumes el riesgo de empezar a hacerlo cuando aún no lo haces tan bien. En otras palabras, si vale la pena hacer algo, es preferible empezar haciéndolo endeblemente hasta que aprendas a hacerlo bien, pero empezar ya mismo; comienza desde donde te encuentres en este preciso instante.

Pero la trampa del perfeccionismo no sólo puede detenernos para actuar sino que puede tener consecuencias mucho más graves:

- Creer que ningún logro es suficiente como para sentirse

bien.

- Convertirse en persona excesivamente crítica de los demás.
- No experimentar satisfacción personal con el trabajo.
- Valorar a los demás basados únicamente en sus logros.
- Llegar a convencerse que el mejor esfuerzo nunca es suficiente.
- Permitir que los errores nos disuadan de tratar nuevamente.
- Desarrollar un profundo temor a que las faltas sean descubiertas.

Quien sufre de este terrible mal siente que a menos que sea perfecto el éxito lo evadirá. En lugar de enfocarse en sus fortalezas y en lo que anda bien en la vida, vive constantemente obsesionado con sus debilidades y con todo lo que no marcha como cree que debería marchar.

Esta presión de querer hacer todo perfectamente puede tener consecuencias extremadamente peligrosas. En su libro *"Perfeccionismo: teoría, investigación y tratamiento"*, Gordon L. Flett presenta numerosos ejemplos sobre los efectos destructivos del perfeccionismo. De acuerdo con el autor, un gran número de investigaciones en el campo de la personalidad muestran que el perfeccionismo está asociado con una amplia gama de problemas como la depresión, la ansiedad y hasta el suicidio.

Lo peor de todo es que el perfeccionista termina por transmitirle a sus hijos esta obsesión, al punto que muchos de los desórdenes físicos y mentales asociados con el perfeccionismo comienzan a manifestarse desde muy temprana edad.

Parte del problema es que nuestra sociedad está obsesionada con la perfección. Dondequiera que mires, encuentras programas, libros, artículos y revistas que prometen ayudarnos a encontrar "la pareja perfecta", "el trabajo perfecto", o "el cuerpo perfecto". Ya ni siquiera podemos ir a un cine o leer un libro sin antes asegurarnos que se encuentren en la lista de "los diez mejores...". De no ser así, concluimos que no deben valer la pena.

Como resultado de eso, los jóvenes sienten que si no tienen las notas perfectas, la ropa perfecta, la nariz perfecta o la figura perfecta no serán aceptados y no podrán triunfar o ser felices. De acuerdo con la licenciada Gilda Gómez Pérez, jefa de la División de Estudios Profesionales de la Facultad de Psicología de la UNAM, la obsesión con la figura perfecta, por ejemplo, puede llegar a manifestarse en trastornos como anorexia y la bulimia.

La trampa del perfeccionismo termina por convertirse en un círculo vicioso, ya que entre más nos esforzamos por ser perfectos en todas las áreas, más ansiedad sentimos y dicha ansiedad termina por convencernos que nuestro mejor esfuerzo nunca será suficiente. Al no creer que lograremos los objetivos que nos hemos propuesto sufrimos por ello, y el estrés y preocupación excesiva comienzan a interferir en las demás áreas de nuestra vida. Y en nuestra ansiedad por evitar la desaprobación, el rechazo y la crítica de los demás, llegamos inclusive a experimentar profundos estados de depresión.

En el peor de los casos, los perfeccionistas *neuróticos* son incapaces de sentir satisfacción porque desde su punto de vista nunca consiguen hacer todo lo suficientemente bien como para permitirse dicho sentimiento.

Así que evalúa tu vida y determina qué has venido

posponiendo como resultado del perfeccionismo y toma la decisión de no permitir que este mal continúe robándote la oportunidad de trabajar en lo que tienes que hacer.

Recuerda que un plan endeble puesto en marcha hoy, es mucho mejor que uno extraordinario que nunca lleves a cabo. Muchos quieren estar totalmente seguros que están comenzando su camino con el plan perfecto. El problema es que mientras más tratan de mejorar el plan antes de empezar, más inconvenientes y dudas salen a flote.

Aprende de la estrategia de Microsoft, que no espera hasta tener un *software* perfectamente desarrollado antes de empezar a comercializarlo. Esta compañía produce una versión aceptable, la llaman *versión 1.0* y la comienzan a vender. Al mismo tiempo continúan mejorándola para producir la *versión 2.0* –la cual a propósito venden nuevamente a los dueños de la *versión 1.0*—. De esta manera, aseguran un mejoramiento continuo de sus productos sin que ello les impida comenzar con lo que tienen.

Acción enfocada:

Libérate de las cadenas del perfeccionismo. Produce la versión 1.0 de tu plan de éxito y ponla en práctica inmediatamente. Durante los primeros días seguramente verás qué funciona y qué no funciona con tu plan, lo cual te permitirá crear la versión 2.0. De esa manera, poco a poco comenzarás a moverte en dirección a tus metas, aprendiendo y mejorando, pero siempre avanzando.

De ahora en adelante, cada vez que enfrentes una caída, una situación difícil, un gran fracaso o una profunda decepción, antes de reaccionar negativamente toma unos minutos para preguntarte: ¿Qué lección o enseñanza puedo derivar de esto que me ha sucedido? ¿Cuál es el lado positivo de esta situación que estoy enfrentando? ¿Cómo puedo lograr que este aparente fracaso sea la antesala al éxito? Haz esto y muy pronto verás cómo comienzas a hacer de las situaciones "imperfectas" tu mejor aliado en el camino hacia la realización de tus sueños.

El factor "X"

Hoy me comprometo a: _____

_____

_____

_____

_____

_____

_____

16

ELIMINA A TODA COSTA LAS EXCUSAS

"Aquel que es bueno para fabricar excusas,
usualmente no es bueno para nada más".
—Benjamin Franklin

...Al primero en llegar no le tomó sino unos cuantos segundos de observar la descomunal roca para concluir que esa era una tarea imposible. "Es demasiado grande, no creo que sea posible para una persona lograr lo que ustedes quieren", dijo con desdén y se marchó prontamente.

El fracaso no es el enemigo del éxito, como muchas personas aseveran. El verdadero enemigo del éxito es la mediocridad, y su expresión más clara son las excusas.

Al igual que con muchos otros malos hábitos, la *excusitis* es un mal que con frecuencia suele pasar inadvertido. Pocas personas son conscientes de sus propias excusas y un número aun menor, admiten dar excusas. Para ellas, sus razonamientos, lejos de ser excusas, son simplemente explicaciones legítimas de circunstancias que parecen siempre encontrarse fuera de su control.

La verdad es que las personas menos productivas han hecho un arte del dar excusas. Utilizan todo tipo de justificaciones y pretextos para tratar de explicar su baja productividad, su mala salud, una relación inestable, o el pobre trabajo que puedan estar realizando en la crianza de sus hijos. En lugar de hacer algo al respecto prefieren inventarse una buena excusa para explicar su incapacidad para actuar, y al final se conforman con quejarse y lamentarse de "lo mal que están las cosas". Y lo único que todas esas excusas tienen en común es que sitúan la culpabilidad fuera de ellos mismos.

Para el mediocre, su fracaso es el resultado de la envidia de los demás, de la discriminación, del sistema, de la falta de amor por parte de su familia, de apoyo por parte de los amigos, o simplemente de la falta de oportunidades. Los menos atrevidos culpan al destino, mientras los más sofisticados culpan a la situación económica, al sistema político o a las tendencias globales.

Muchos culpan a Dios por sus desventuras. Los más cínicos profesan que su fracaso es prueba irrefutable que "no es lo que uno sepa sino a quién conozca". Los resignados aceptan que "lo que ha de ser para uno será para uno", y que si no ocurre, pues no era para uno, y por algo será, y a lo mejor no convenía, o que "lo importante no es ganar o perder, sino haber tomado parte en el juego".

Tan arraigada está esta actitud en su subconsciente que los que viven dando excusas se han armado de toda una serie de pretextos para justificar una mediocridad que los exonera de toda culpa. Para todos ellos, sus fracasos parecen ser siempre el resultado de fuerzas externas malintencionadas, de la mala suerte, o de una conspiración en su contra.

Para estas personas es fácil racionalizar su mediocridad y encontrar culpables por sus fracasos, si de antemano han aceptado que la responsabilidad por su éxito y felicidad personal no es enteramente suya. Porque eso es lo que es una excusa: una manera de tratar de eludir las responsabilidades, de justificar los malos hábitos, en un intento por buscar un culpable por la falta de acción.

Lo interesante es que para quien busca desesperadamente una manera de justificar ante los demás su pobre desempeño, cualquier excusa da lo mismo, así ninguna de ellas le ayude a mejorar su situación ni a cambiar sus circunstancias.

"Mi negocio no ha prosperado porque el gobierno no apoya al empresario", "Fue el tráfico el culpable que yo llegara tarde", "No puedo hacer ejercicio porque no hay gimnasios cerca de donde vivo", "Estoy endeudado porque los bancos continuamente me están ofreciendo más tarjetas de crédito", "Sé que debería compartir más tiempo con mis hijos, pero la verdad es que llego demasiado cansado del trabajo". A simple vista, todas estas excusas pueden parecer reales, pero lo único que logran es despojar a quien las ofrece, de toda responsabilidad por sus acciones.

Con frecuencia, utilizamos las excusas en nuestro afán por explicar por qué no hemos hecho aún aquello que sabemos que deberíamos estar haciendo. Nada es culpa nuestra. Es el gobierno el que se ha encargado de arruinar nuestro negocio; son los bancos quienes han hecho que nos endeudemos innecesariamente; es la insensatez de los dueños del gimnasio, que no han construido uno cerca de nuestra casa, la culpable de nuestro pobre estado físico; es nuestro jefe el culpable de la pobre relación con nuestros hijos. No somos nosotros, son ellos los verdaderos culpables.

¿Te das cuenta de lo absurdo de este proceder? Porque si examinamos más de cerca todas estas excusas veremos que, en la mayoría de los casos, ocultan un mal hábito que no se quiere cambiar. La persona que siempre utiliza el tráfico o el mal tiempo para justificar el hecho de llegar tarde a sus citas, oculta su incapacidad para organizarse.

Tan absurdo como pueda parecer, las excusas son socialmente más aceptables que la verdad. Se culpa al tráfico ya que no quedaría bien decir que la verdadera razón de la tardanza se debió a que eran más importantes los últimos quince minutos del noticiero. De la misma manera que no llamaríamos a nuestro trabajo a decir: "No voy a trabajar el día de hoy porque le prometí a mi hijo que iría a la reunión de padres de familia de la escuela". En lugar de esto, simplemente llamamos y decimos que estamos enfermos.

Lo único que las excusas han logrado es exonerarnos de toda responsabilidad y colocarnos en el papel de víctimas. Lo peor de todo es que, mientras pensemos que alguien más es el culpable por nuestros errores, no haremos nada para remediarlos.

Sólo tres cosas son ciertas acerca de las excusas:

1. Si realmente quieres encontrar una disculpa para justificar cualquier cosa, ten la plena seguridad que la hallarás sin mayor dificultad.

En mi libro "La Vaca", comparto el caso de Samuel, un joven que tuvo que confrontar la difícil realidad de cambiar drásticamente su dieta alimenticia e implementar un riguroso plan de ejercicio físico para lidiar con una diabetes con la cual había sido diagnosticado, que amenazaba con deteriorar su organismo.

En un principio, Samuel encontró suficientes excusas para no hacerlo y a pesar que era su vida la que estaba en peligro, se rehusaba a aceptar que debía cambiar su estilo de vida argumentando: "Infortunadamente no tengo suficiente tiempo para ejercitar todo lo que debiera", "Esta es la manera como siempre he comido", "Trabajo hasta muy tarde, lo cual me impide levantarme temprano para ir al gimnasio", "Si comiéramos sólo lo que es bueno para nuestra salud nos moriríamos de hambre de todas maneras". Llegó al punto de utilizar el nefasto adagio: "De algo tenemos que morirnos, ¿no es cierto?" El problema es que ninguna de estas excusas le estaba ayudando a mantener su diabetes bajo control.

Lo único que esto muestra es que muchos de nosotros estamos dispuestos a emplear el doble del tiempo en buscar una excusa que nos exima de realizar una tarea, del tiempo que nos tomaría realizarla.

2. Puedes estar seguro que cuando comiences a utilizar cualquier excusa encontrarás aliados. No importa qué tan increíble y absurda pueda sonar tu disculpa, vas a encontrar personas que la crean y la compartan. Tanto así, que las escucharás decir: "Yo sé como te sientes porque a mí me sucede exactamente lo mismo".

Estoy convencido que la razón por la cual muchas personas tienen el descaro de dar ciertas excusas es porque están absolutamente convencidas que tarde o temprano encontrarán a alguien que las creerá y validará su posición. Infortunadamente esto suele suceder más temprano que tarde.

3. Finalmente, la tercera verdad acerca de las excusas es que una vez que las utilices, notarás inmediatamente que nada habrá cambiado. El problema que estabas evitando enfrentar mediante el uso de la excusa, continuará igual. No habrás avanzado hacia su solución sino que, por el con-

trario, habrás retrocedido. Peor aún, cada vez que utilizas dicha excusa, la llevas un paso más cerca de convertirse en realidad.

Cada vez que dices "no tengo tiempo" buscando justificar el no hacer lo que sabes que debes hacer, pierdes un poco más de control sobre tu tiempo y tu vida. Pronto comienzas a notar que estás viviendo una vida reactiva, de urgencia en urgencia, sin tiempo para hacer lo verdaderamente importante para ti. Cada vez tu excusa adquiere una mayor validez, hasta que termina por ser parte de tu realidad.

Así que rehúsate a dar excusas y acepta la responsabilidad por tus acciones.

Acción enfocada:

¿Cuáles son las excusas, justificaciones y pretextos que comúnmente utilizas para eludir la responsabilidad para hacer lo que sabes que debes estar haciendo? Escribe las tres excusas que utilizas con más frecuencia y decide ya mismo no volver a recurrir a ellas nunca más. Sé absolutamente honesto contigo mismo. Recuerda que el primer paso para crear hábitos de éxito es reconocer los malos hábitos de los cuales debes deshacerte.

Decide hoy mismo que de ahora en adelante aceptarás un 100% de la responsabilidad por tus acciones y por tu éxito. Elimina de tu vocabulario las excusas que acabas de identificar. Recuerda que no siempre podemos controlar lo que ocurre en nuestras vidas, pero sí la manera como respondemos a ello.

El factor "X"

Hoy me comprometo a: _____

_____

_____

_____

_____

_____

_____

17

EFICIENCIA VERSUS EFECTIVIDAD

"Eficiencia es hacer debidamente las cosas.
Efectividad es hacer las cosas debidas".
—Peter Drucker

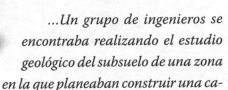

...Un grupo de ingenieros se encontraba realizando el estudio geológico del subsuelo de una zona en la que planeaban construir una carretera de acceso a una remota población y necesitaban determinar la eficiencia y viabilidad del proyecto antes de empezar la obra.

*C*ada año se ofrecen miles de seminarios sobre la productividad y la administración del tiempo a nivel personal y empresarial. En el mercado existen centenares de agendas, calendarios y almanaques de bolsillo o de escritorio, organizadores electrónicos, *software* y toda una serie de productos que tienen como objetivo ayudarnos a ser más proactivos y administrar nuestro tiempo de una manera más eficiente.

No obstante, a pesar de todos estos accesorios, la persona promedio continua siendo incapaz de administrar su tiempo, organizar sus actividades, o aumentar su productividad, con mejores resultados que cuando no contaba con ninguna herramienta a su alcance. La razón por la cual muchos de estos accesorios no producen soluciones a largo plazo es porque pese a que pueden ayudarnos a mejorar nuestra eficiencia, pocas veces logran optimizar nuestra efectividad.

A ver, ¿cómo es esto? Productividad, proactividad, efectividad, eficiencia.... Si estás confundido, no eres el único. Tanto en el ámbito personal como profesional, la jerga administrativa suele ser ambigua y confusa. Algunos términos se popularizan y terminan por formar parte del lenguaje gerencial, pero al no haber demasiado consenso alrededor de su significado cabal, suelen ser sujetos a interpretación, creando aún más confusión.

De hecho, ciertas palabras de uso cotidiano en las empresas ni siquiera están definidas en el Diccionario de la Academia de la Lengua. Otros términos como "eficiencia" y "efectividad", por ejemplo, con frecuencia se usan indistintamente, lo cual genera más confusión.

Cuando comencé a escribir este capítulo, pronto me di cuenta de la importancia de saber diferenciar entre la "eficiencia" y la "efectividad", lo cual es mucho más simple entendiendo el concepto de "productividad" −la esencia de esta inquietud humana para llegar a ser mejor y hacer mejor el trabajo—.

Es común escuchar que la productividad es el motor que impulsa el progreso; que es esencial para incrementar los ingresos y mantener la calidad de vida. La persona productiva es apreciada y codiciada en cualquier equipo de trabajo. Así que después de leer numerosos artículos y libros sobre el tema de la productividad llegué a la conclusión que este término está íntimamente ligado con el principio de la acción enfocada.

Una manera simple de definir productividad es pensar en ella como la relación entre lo producido y los medios empleados para hacerlo; entre los resultados generados y los recursos utilizados para crear dichos resultados. Como lo demuestra la siguiente fórmula, la productividad aumenta cuando existe una reducción en los recursos utilizados para lograr un objetivo específico, o cuando podemos aumentar los logros sin aumentar los recursos utilizados.

$$\text{Productividad} = \frac{\text{Resultados generados}}{\text{Recursos utilizados}}$$

¿Cómo nos ayuda esta relación a entender mejor la diferencia entre eficiencia y efectividad? Primero hay que entender que estos dos términos son aplicables a cualquier actividad, proceso o área en general.

El término "eficiencia" se refiere a la facultad para obtener un efecto determinado o lograr un fin, empleando los recursos disponibles de forma inteligente para que no haya desperdicio. Significa hacer bien las cosas. Cuando una empresa mantiene bajos los costos de sus insumos y estable la producción, sin sacrificar su nivel de calidad, está siendo eficiente.

Podríamos decir que la eficiencia consiste en "hacer más en menos tiempo". Por supuesto, esto asume que la "cantidad" y la "velocidad" son la manera ideal de proceder, lo cual no siempre es así. Por esta razón, eficiencia no siempre es sinónimo de efectividad. Llegar más rápido al lugar equivocado puede ser "eficiente", pero no resulta muy "efectivo".

Esto es lo que le sucede a muchos ejecutivos que viven en función de ascender lo más rápido posible la escalera corporativa, a costa de no estar haciendo lo que verdaderamente aman y les apasiona hacer, sólo para descubrir más tarde que dicha escalera no conducía al destino deseado. Su eficiencia en llegar a la cima no les trajo la satisfacción personal que esperaban.

Por su parte, la palabra "efectividad" se define como la capacidad de lograr el efecto que se desea o se espera. La gran diferencia es que la efectividad requiere, primero definir las metas u objetivos acertados y segundo, trabajar para alcanzarlos. Significa seleccionar la actividad más importante de todas las que tengas frente a ti en determinado momento, y hacerla bien.

Mientras que la *eficiencia* es simplemente hacer bien lo que estés haciendo en un determinado momento, así sea o no importante para tu éxito personal o profesional, la *efectividad* requiere que evalúes primero qué es lo que deberías estar haciendo, de acuerdo con tus prioridades y tu plan de éxito y entonces sí actuar.

¿Ves la diferencia? Como vimos anteriormente, poco contribuirá a tu éxito personal el ser el empleado más eficiente en tu trabajo, si este trabajo no está contribuyendo a tu éxito personal; si no te está ayudando a desarrollarte profesionalmente, o no te satisface.

Mejorar la eficiencia de actividades poco rentables es simplemente hacer más de lo que menos nos da, una forma segura de acabar derrotados y sin resultado alguno. Por tal razón, tomar la mejor decisión en cuanto a cómo usar tu tiempo es mucho más importante que aumentar la eficiencia con que puedas estar realizando cualquier labor.

Hay que tener cuidado, ya que se puede ser efectivo sin ser eficiente y se puede ser eficiente sin ser efectivo. Obviamente, de lo que se trata es de ser efectivo y eficiente, ya que tanto lo uno como lo otro son necesarios para ser productivo.

Productividad = Efectividad x Eficiencia

Sin embargo, es importante anotar que en este caso el orden de los factores sí altera el producto. Una mejoría en la eficiencia no garantiza una mejoría en la productividad. Es fundamental que primero se trabaje en la efectividad antes de comenzar a preocuparnos por la eficiencia.

Es decir, antes de empezar a ver cómo podemos actuar de la manera más rápida y eficiente, tenemos que identificar claramente cuáles son las cosas importantes en las que debemos trabajar. ¿De qué sirve que sepas qué vas a hacer durante el día, y que tengas cierto grado de orden y eficiencia en tu trabajo, si lo que estás haciendo no te conduce hacia la realización de las metas y objetivos que realmente deseas lograr?

Entendamos que la eficiencia no pasa de ser una herramienta. Darle a ella la mayor importancia, sin detenerse a analizar las metas a cuyo servicio se pone, puede dar lugar a errores garrafales, ya que siempre es factible mejorar la eficiencia para lograr determinado objetivo, actuando en contra de nuestros principios, o procediendo con total indiferencia por los demás. Pero ¿cuál ha sido entonces, el precio de ser tan eficientes?

Recuerda, las agendas, el reloj y los cientos de accesorios que te pueden ayudar a organizar tus actividades diarias sólo pueden servirte para ser más eficiente. La efectividad sólo te la proporcionará tu plan personal de éxito (tu misión personal, sueños y metas). Sólo cuando hayas optimizado estos dos aspectos verás un aumento extraordinario en tu productividad personal.

Acción enfocada:

Ser efectivo no es simplemente hacer bien lo que estés haciendo en determinado momento, sino asegurarte que eso es lo que verdaderamente debes hacer. Así que desarrolla la costumbre de preguntarte: ¿Es esta acción que estoy realizando, o que estoy a punto de realizar, importante para mi éxito? ¿Es esta la manera más efectiva de invertir mi tiempo hoy? ¿Me está ayudando esto a lograr las metas y objetivos que me he propuesto alcanzar?

Sólo si puedes responder de manera afirmativa a estas tres preguntas, podrás dar el siguiente paso, que consiste en determinar cómo realizar dicha actividad haciendo el uso más eficiente de tu tiempo y los recursos disponibles. Esta es la esencia del *factor X*.

El factor "X"

Hoy me comprometo a: _____

_____

_____

_____

_____

_____

18

ENFÓCATE EN TUS FORTALEZAS NO EN TUS DEBILIDADES

*"Toda persona gana fuerza, coraje y confianza
con toda experiencia en la cual se detenga
y enfrente sus temores cara a cara".*
—Eleanor Roosevelt

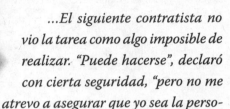

...El siguiente contratista no vio la tarea como algo imposible de realizar. "Puede hacerse", declaró con cierta seguridad, "pero no me atrevo a asegurar que yo sea la persona ideal para llevar a cabo este trabajo".

*U*no de los peores enemigos de la acción enfocada es la gran cantidad de tiempo que perdemos pensando en los problemas y no en las soluciones; enfocándonos en nuestras debilidades y no en nuestras fortalezas; planeando y preparando el "plan B" mientras el plan principal permanece desatendido; desperdiciando nuestro tiempo especulando acerca de todo lo que puede salir mal en lugar de pensar en todo lo que saldrá bien.

La ley de la atracción establece que todo atrae su igual; aquello en lo que te enfocas tiende a expandirse en tu vida; las imágenes que están grabadas en tu mente atraen irremisiblemente lo que representan. Si te enfocas en tus debilidades, verás cómo estas parecen ser cada vez mayores. Si tus pensamientos dominantes están constantemente enfocados en la posibilidad de obtener resultados negativos, en expectativas pobres, o en tus debilidades, eso será lo que atraerás a tu vida.

La buena noticia es que si, por el contrario, tus pensamientos dominantes están constantemente enfocados en obtener resultados positivos, en tus fortalezas o en hábitos de éxito —y tus acciones refuerzan dicha manera de pensar— eso será lo que manifestarás en tu vida.

Todos tenemos la libertad de escoger a qué decidimos dirigir nuestra atención. Lamentablemente, muchas personas eligen enfocarse en lo que las limita y debilita. Así que vigila con cuidado en qué te estás enfocando. Piensa que tu mente es como una cámara de video y tu interpretación del mundo no es más que el resultado de aquello en lo que elijas centrar esa cámara.

Imagínate por un momento que vas a una fiesta. Seguramente habrás notado que casi siempre hay una o dos personas que deciden que, no importa lo que suceda, ellas no se van a divertir. Han tomado la decisión de estar aburridas y nadie las va a hacer cambiar de parecer. Generalmente las vemos en una esquina, sentadas, con los brazos cruzados, y con una cara de enfermas que aterra.

Ahora, imagínate que llegas a la fiesta y decides enfocar tu cámara sólo en una de estas personas. Toda la noche mirándola a ella. ¿Cuál crees tú que será tu evaluación de la fiesta? Si alguien te pregunta al día siguiente cómo estuvo la fiesta, seguramente responderás que estuvo aburrida, ¿no es cierto? Es posible que todos los demás asistentes hayan tenido una velada espectacular y se hayan divertido mucho, pero tú has evaluado la reunión basado en el comportamiento de una sola persona, aquella en la que centraste toda tu atención.

La pregunta importante es: ¿Es esta una evaluación acertada del ambiente que reinó en el festejo? Por supuesto que no. Sin embargo, ¿no es esto lo mismo que estás haciendo cuando concluyes que no eres bueno para los negocios simplemente porque eres tímido? ¿Cuando decides qué clase de día vas a tener basado únicamente en el clima? ¿Cuando dices que nadie te aprecia, basado solamente en la opinión de una persona? ¿Comienzas a ver la conexión?

¿Qué sucedería si decides enfocar tu cámara en otra persona durante la fiesta? Quizás hayas encontrado que en toda celebración también hay por lo menos una o dos personas que han decidido que van a pasar el mejor rato de su vida. Ellas se fueron a divertir como si ese fuera su último día. Gozan, ríen, bailan y celebran, a tal punto que su sola presencia dice "entusiasmo", "alegría" ¿Qué sucede si decides enfocar tu cámara en ellas? ¿Cambiaría tu evaluación de la fiesta? Por supuesto que sí.

De igual manera, si decides que quieres tener una gran vida, si deseas que hoy sea un día espectacular, te aseguro que hay muchos aspectos de tu vida hacia los que puedes dirigir la cámara de tu mente que te harán sentir optimista, entusiasmado y feliz. Si en lugar de salir de casa por la mañana y mirar las nubes negras que presagian lluvia, ves el sol que se encuentra detrás de ellas, o si enfocas tu cámara en las personas, la naturaleza, tus sueños y logros, seguramente vas a tener un gran día y una vida maravillosa.

Pero si quieres sentirte deprimido, infeliz, triste y derrotado, también vas a poder encontrar eventos en tu día y en tu vida en los cuales enfocar tu cámara, que seguramente te harán sentir de esa manera. Así que como ves, la verdadera decisión es en qué vas a enfocarte. Lo más increíble de todo es que hay quienes que se han programado sólo para encontrar los eventos y momentos que las hacen sentir derrotados y débiles. Qué triste, ¿no es cierto?

Es posible que tú conozcas a algunas de estas personas. Son aquellas a quienes les dices: "Qué hermoso día para ir al parque, ¿verdad?", y te responden: "Sí, pero no celebres todavía que con seguridad llueve más tarde". O les comentas: "Qué hijo tan inteligente tienes, es un genio para la Ciencia y las Matemáticas", y te responden: "Sí, pero tiene muchos problemas con la Ortografía". Son incapaces hasta de recibir un elogio. "¡Que bonita estás!", y la respuesta es: "No, si no sabes lo indispuesta que me he sentido últimamente".

Lo peor de todo es que no sólo enfocan sus cámaras en sus flaquezas o en sus caídas, sino que hacen un *zoom* con ellas; utilizan cualquier contrariedad que les haya ocurrido para llenar toda la pantalla de su mente. Agrandan y le dan proporciones gigantescas a deslices y fallas relativamente menores. Si un día experimentan un tropiezo, sin importar los demás logros que hayan obtenido, suelen decir: "¿Por qué será que a mi todo me sale mal?" Si su pareja olvida agradecerles un favor que le hayan hecho, dicen: "Nadie aprecia lo que yo hago" o "Nunca recibo un agradecimiento", y de repente ese evento se convierte en su todo. No permitas que esto te suceda, recuerda que ningún evento constituye toda tu realidad.

Para los fracasados cualquier momento adverso se convierte en su todo, mientras que el triunfador sabe que su éxito depende, en gran medida, de ver las cosas, no necesariamente como son, sino como pueden llegar a ser. Saber dónde enfocar tu visión, inclusive frente a las circunstancias más adversas, te ayudará a crear expectativas que influirán de manera dramática en los resultados que obtengas.

Los triunfadores se enfocan siempre en sus fortalezas.

No es que ignoren sus debilidades, sino que han aprendido que la mejor manera de corregirlas es enfocándose en sus fortalezas.

Tristemente, muchas personas no son conscientes de los grandes dones y habilidades que poseen, y nunca llegan a desarrollarlos porque no creen tenerlos. Erróneamente, piensan que los atributos necesarios para triunfar en la vida son dones innatos que no pueden ser aprendidos y que han sido reservados para unos pocos, que generalmente son quienes triunfan.

La realidad es que los triunfadores no nacen, ellos se hacen. Todos poseemos en mayor o menor grado cada una de las cualidades que distinguen a la persona de éxito. Pero para poder aprovecharlas y desarrollarlas, primero tenemos que creer que ese potencial se encuentra en nuestro interior. La inmensa mayoría de las personas que fracasan son dueños de un potencial tan alto como el de los que triunfan. Su verdadero problema no es la falta de talento sino la falta de fe en sus propias habilidades.

En mi libro, "*Cómo comunicarnos en público con poder, entusiasmo y efectividad*", relato la historia de Norman Vincent Peale, uno de los escritores y conferencistas motivacionales más respetados y exitosos de todos los tiempos. Peale decía que en una época de su vida sufrió de la peor timidez imaginable, pero en lugar de enfocarse en esa debilidad y asumir que nunca sería capaz de hablar en público, decidió no dejarse vencer por ella.

Él contaba cómo una tarde después de clase, su profesor le dijo: "Norman, tú eres un excelente estudiante, pero cuando te hago una pregunta, tu cara se pone extremadamente roja, te invade una pena y un temor exagerados, y tus respuestas generalmente son muy pobres, ¿qué te pasa?"

Después de aquel incidente, Peale decidió aprender cuanto fuese necesario para dominar el arte de hablar en público. Comenzó a leer los "Ensayos" de Emerson y las "Meditaciones" de Marco Aurelio, y en estos y otros grandes libros descubrió que con los poderes que residen en la mente humana todos los problemas pueden ser solucionados.

Así empezó a controlar sus temores y a superar su timidez. Posteriormente desarrolló su propia filosofía, la cual, más adelante, expresó en su gran libro "El poder del pensamiento positivo". ¿Cuál fue el secreto de su éxito? Norman se convirtió en un estudiante del éxito. Nunca trató de negociar el precio que estaba pagando ni se quejó de lo injusta que la vida había sido con él. Simplemente se dio a la tarea de convertir su peor debilidad en su mayor fortaleza.

¿Quieres doblar tu productividad? Una de las maneras más seguras y rápidas de lograrlo es aprovechando al máximo las destrezas y habilidades con las que ya cuentas. Por esta razón quiero invitarte a que realices un inventario de dichas fortalezas. En tu libreta o agenda personal responde a los siguientes interrogantes:

¿Cuál consideras tu mayor aptitud personal y profesional? ¿Qué te hace especial y único? ¿Cuáles consideras que son los conocimientos técnicos o profesionales más importantes y significativos que has adquirido a lo largo de tu vida profesional? ¿Qué habilidades y destrezas posees que creas que son vitales en tu trabajo? ¿Cuáles aptitudes, habilidades o talentos son responsables por la mayor parte de tus ingresos actualmente? ¿Cuáles de estos son los más importantes para tu productividad personal?

Una vez hayas contestado estas preguntas, léelas con detenimiento y pregúntate: ¿Estoy utilizando estas aptitudes y habilidades al máximo?

Cuando realices este sencillo ejercicio vas a descubrir dos cosas. Primero, que posees muchos más talentos y habilidades de los que crees, y segundo, que no los utilizas tanto como debieras. Muchas veces, esto es todo lo que necesitas para tomar la decisión de despertar a ese gigante que duerme en tu interior.

Ahora, determina en qué áreas de tu vida necesitas crecer; recuerda que tu vida sólo mejorará cuando tú mejores y si quieres mejorar la calidad de tu mundo exterior debes estar dispuesto a mejorar primero tu interior. De nada vale poseer un ardiente deseo de triunfar si no está acompañado por el deseo de prepararnos, de cambiar y de crecer.

Si no estás dispuesto a aprender todo lo que necesitas, si crees que es demasiado trabajo, o que el precio es demasiado alto, debes preguntarte si los sueños que escribiste en capítulos anteriores valen la pena. ¿En verdad deseas alcanzarlos? ¿Estás dispuesto a luchar por ellos, o son sólo simples fantasías con las que entretienes tu mente?

¿Cuáles son los obstáculos o debilidades que hasta ahora no te han permitido lograr los resultados que deseas alcanzar? ¿Qué decisiones estás dispuesto a tomar ya mismo para sobreponerte a estas flaquezas, y qué hábitos estás resuelto a adquirir, si el hacerlo te ayuda a eliminar dichas debilidades? ¿Cuáles habilidades o destrezas necesitas desarrollar? Enfócate en las que sabes que de lograr adquirirlas tendrían un mayor impacto positivo en tu vida.

Recuerda que todo en lo que te enfoques tenderá a expandirse en tu vida. Así que decide enfocarte en lo que te hace fuerte y verás como tu autoestima, tu actitud y tu nivel de motivación te llevan a alturas que quizá nunca habías imaginado posibles.

Acción enfocada:

Muchas personas recuerdan con mayor claridad sus caídas que sus logros. Sin quererlo, se convencen que han enfrentado muchos más fracasos que éxitos, lo cual puede crearles una imagen negativa de sí mismas. Una manera de comenzar a cambiar esta forma de pensar es hacer una "Lista de Victorias". Toma un papel y un lápiz y escribe todos los logros, grandes y pequeños, triviales y trascendentales, que has alcanzado durante el último año. De esta manera, cuando vuelvas a sentir que tu vida sólo ha sido sino una cadena de caídas y fracasos, puedes mirar tu lista y reencontrarte con tu verdadero *yo*.

Comienza cada día haciendo un recuento de las habilidades y talentos que existen dentro de ti. Muchas personas fracasan, no porque no posean las cualidades para triunfar, sino porque tristemente no creen contar con ellas. Antes que puedas desarrollar tus talentos, debes reconocerlos en ti mismo, reclamarlos como tuyos y actuar con la seguridad de quien sabe que cuenta con ellos.

El factor "X"

Hoy me comprometo a: _____

_____

_____

_____

_____

_____

_____

19

TU FUTURO COMIENZA HOY

"La vida es todo lo que ocurre a tu alrededor mientras estás ocupado haciendo otros planes".
—John Lennon

...El joven tenía claro que a menos que pusiera manos a la obra a la mayor brevedad posible, todo su esfuerzo habría sido en vano.

¿*T*e has puesto a pensar que el día de "hoy" es en realidad a lo que no hace mucho te referías como a "tu futuro"? Si piensas en todo lo extraordinario que ha ocurrido en tu vida, descubrirás que ocurrió en un "hoy"; no ocurrió en el "ayer" ni en el "mañana" sino en el "hoy"; no aconteció en el pasado ni en el futuro sino en el presente. Todo ocurre en el presente.

Los triunfadores saben que el éxito se forja "hoy". Por eso han decidido vivir en el presente, no en lo que *fue* ni en lo que *puede ser* sino en lo que *es*. Ellos no malgastan su tiempo pensando que la época de cosechar grandes éxitos ya pasó, o que llegará en algún momento incierto en el futuro. Ellos se preocupan por cosechar cada día el fruto de sus esfuerzos.

No obstante, muchos emplean la mayor parte de su energía y de su tiempo viviendo en el pasado o en el futuro y no en el presente. Viven constantemente preocupados acerca de todo lo que deberían estar haciendo, en lugar de estar haciéndolo. Nunca están presentes un 100% en ningún lugar a ninguna hora. Cuando se encuentran en su trabajo, piensan en lo descuidada que tienen a su familia, y cuando se encuentran en casa, están pensando en todo lo que les aguarda al siguiente día en su trabajo. Así que no están ni aquí ni allá, y no hacen bien ni lo uno ni lo otro, porque nunca están totalmente presentes en ningún lado.

Alguna vez escuchaba a una gran conferencista decir que "el pasado es como un cheque cancelado, el futuro es un cheque sin cobrar, pero el presente es como tener dinero en efectivo, y hay que saber utilizarlo bien". Es verdad, el único lapso sobre el cual tenemos control absoluto es sobre el día de hoy.

Está bien recordar buenos tiempos que hayas vivido en el pasado. El problema está cuando pasas la mayor parte del tiempo pensando en lo que hiciste anteriormente –así hayan sido cosas positivas—, o en lo que dejaste de hacer, en las oportunidades perdidas o en el tiempo que se fue. Ya deja de pensar en eso. No importa qué tanto pienses en ello, no hay nada que puedas cambiar en tu pasado.

¿Para qué recordar viejos errores y arrepentirnos de no haber sabido aprovechar las ocasiones de prosperidad del ayer o lamentarnos de cosas que nos perjudicaron? ¿No aumentamos así nuestra desdicha? Quien siempre está lamentándose de los errores, caídas y deslices del pasado, nunca podrá vivir el presente plenamente, ni será capaz de enfocar su mente en el instante actual con el vigor necesario para cumplir sus metas.

Todo minuto gastado en lo que ya no tiene remedio, no sólo se desperdicia, sino que dificulta los éxitos futuros que podrían remediar los errores cometidos. Olvida los infortunios, por mucho que te hayan herido y humillado; limpia de errores tu mente y toma la decisión de mejorar tu conducta de ahora en adelante.

Nada más insensato y perjudicial que pervertir y corromper el *hoy* con los rezagos del pasado, con las imágenes negativas y las desdichas del ayer. Muchas personas, hasta ahora fracasadas, lograrían maravillas con sólo cerrarle la puerta al pasado y empezar de nuevo hoy.

Sobre lo único que tienes control absoluto es sobre este momento que estás viviendo en este preciso instante. Nada va a cambiar porque gastes tres horas reflexionando acerca de todo lo que no hiciste con tu hijo cuando era chico. Ninguna culpabilidad ni remordimiento va cambiar eso; es parte del pasado y está fuera de tu control. Sobre lo que sí tienes control es sobre la decisión de tomar el teléfono ya mismo y llamarlo. ¿Ves?

Tampoco malgastes tu tiempo viviendo en el futuro. John Lennon escribió una hermosa canción para su hijo en la que le dice: "La vida es todo lo que ocurre a tu alrededor mientras estás ocupado haciendo otros planes". Hay quienes están tan ocupados planeando el futuro que se olvidan de vivir el presente. Pasan la mayor parte de su día viviendo en un momento que aún no ha llegado, pensando en lo que harán mañana, en los cambios que realizarán en su vida mañana, en las metas que perseguirán mañana, sin detenerse a pensar que pueden empezar hoy.

No me malinterpretes, yo se lo importante que es planear; creo en la necesidad de tener metas y objetivos claros a corto, mediano y largo plazo; pero también he descubierto que lo más importante es vivir el presente. He visto muchas personas a quienes –como dice la canción– se les fue la existencia haciendo planes y mientras planeaban la vida les pasó de largo.

Asegúrate de estar viviendo tu hoy a plenitud. El posponer las cosas —especialmente las más importantes— muchas veces reduce o anula su valor. Hace algunos años aprendí esta gran lección –afortunadamente ocurrió con un suceso de mucha menor importancia—. Al cierre de una transacción, mi agente de finca raíz me obsequió un certificado de $100 dólares, que podía utilizar en cualquier momento, en uno de los mejores restaurantes de la ciudad.

Inmediatamente mi esposa y yo quisimos utilizarlo, pero decidimos que sería mejor dejarlo para una ocasión especial, un cumpleaños o un aniversario. Al poco tiempo se presentó tal ocasión, pero una vez más, resolvimos esperar una fecha aún más significativa. Algunos meses más tarde, accidentalmente encontré el certificado mientras arreglaba mi escritorio y aunque no era una fecha especial, decidí llamar al restaurante a hacer la reservación para esa noche. Tristemente, descubrí que la fecha de expiración del certificado había pasado un par de meses atrás.

¿Si ves? Tanto pospuse su uso que perdió todo su valor y cuando quise utilizarlo encontré que era demasiado tarde y lo único que quedó fue la incertidumbre de lo que pudo ser una velada especial.

Lo mismo sucede con nuestro futuro, para comenzar a disfrutarlo tenemos que vivirlo; cada día encierra un regalo de 24 horas con las que podemos hacer lo que se nos antoje; lo único que no podemos hacer con este día es posponerlo, guardarlo o ahorrarlo para más tarde. Tenemos que darle uso hoy.

Quizás la siguiente analogía te permita apreciar mejor a qué me refiero. Imagínate que te regalo diez mil dólares, con la única condición que debes gastarlos todos hoy en algo productivo. No puedes derrocharlos en banalidades, ni puedes guardarlos o ahorrarlos para mañana. Lo que no logres utilizar hoy tendrás que devolverlo. Ahora bien, sólo tú que conoces bien tus propios hábitos de compra, tus necesidades y metas personales puedes responder la siguiente pregunta: ¿Cuánto dinero crees que tendrías que devolver al final del día? Si eres como el 99.9% del resto de los mortales no tengo la menos duda que te las arreglarías para gastar hasta el último centavo.

Lo mismo debes hacer con tu tiempo. Cada día recibes un regalo de 1.440 minutos, con los que puedes hacer lo que quieras. Sin embargo, a diferencia de los diez mil dólares, los cuales debías emplear en algo productivo, tus minutos los puedes emplear como quieras. Puedes invertirlos en perseguir tus metas, puedes gastarlo en banalidades, o inclusive desperdiciarlos en actividades perjudiciales. Lo único cierto es que al final de las próximas 24 horas los habrás empleado todos.

Al igual que con el dinero, hay tres cosas que podemos hacer con nuestro tiempo: invertirlo, gastarlo o despilfarrarlo.

Cuando utilizo mi tiempo en desarrollar mis talentos y habilidades, lo cual resulta en un aumento en mi productividad personal y en mejores resultados, los beneficios son mucho mayores que el tiempo invertido.

Cuando utilizo 120 minutos de mi tiempo para ir al cine, recibo 120 minutos de distracción. En tal caso el beneficio recibido es igual al tiempo gastado para producirlo. No hay nada de malo con ello. De hecho, la recreación es parte esencial de nuestro plan de éxito.

Si utilizo mi tiempo en malos hábitos o actividades perjudiciales y autodestructivas, lo habré despilfarrado puesto que lo que he recibido a cambio no tiene ningún valor ni beneficio real para mi vida. Lo único que estas tres opciones −invertirlo, gastarlo o despilfarrarlo− tienen en común, es que han sido fruto de una decisión propia.

Considera que cuando pierdes un día, o cuando, todavía peor, lo desperdicias en hábitos que deterioran tu carácter, estás echando a perder parte de tu vida. Sólo hay una manera de vivir una vida productiva y efectiva. Levántate cada mañana firmemente resuelto a obtener el mayor provecho posible de aquel día y vivirlo a plenitud.

Suceda o deje de suceder lo que sea, ocurra o no tal o cual cosa, toma la firme decisión de sacar algo bueno de cada experiencia de este día, no de otro día por venir en que cambiará tu suerte, sino del día que tienes frente a ti. Comienza cada mañana con la firme decisión que, pase lo que pase, buscarás obtener el mejor partido posible de hoy. No permitirás que nada te robe la felicidad ni te despoje del derecho a vivir este momento desde el principio al fin.

Es por esto que en su libro: "La trampa del tiempo", Alec Mackenzie afirma que cuando hablamos de administrar el tiempo, a lo que en realidad nos estamos refiriendo es a administrarnos a nosotros mismos.

El reto no es administrar nuestro tiempo, el verdadero reto es administrar todos los eventos que forman parte de nuestra vida, fruto de nuestras decisiones. Cada día cuenta con 24 horas y no hay nada que puedas hacer para cambiar eso. No puedes aligerar o detener el tiempo, ni puedes obtener más horas en tu día, y las que tienes, sólo puedes utilizarlas un minuto a la vez.

Me hace gracia cuando escucho a alguien diciendo con orgullo: "Hoy me ahorré dos horas en este trabajo". ¿Quiere decir eso que mañana comienzas con 26 horas? ¡No! Lo que verdaderamente estás queriendo decir es que lograste controlar los eventos involucrados en dicho trabajo, de manera que en lugar que te tomara seis horas realizarlo te tomó cuatro. En otras palabras, no es el tiempo lo que aprendiste a administrar, sino que lograste actuar de una manera mucho más eficiente. Eso es todo.

Sin embargo, lo que determinará si valió la pena terminar el trabajo en cuatro horas en lugar de seis es tu decisión sobre cómo invertir las dos horas restantes. Si tu eficiencia en el trabajo te permitió dedicar más tiempo a tu familia, tu salud o tu crecimiento, fantástico. Pero si gastaste las dos horas sentado frente al televisor, de poco sirvió mejorar tu eficiencia, ¿no es cierto?

He tratado que cada capítulo de este libro se enfoque en una estrategia específica que nos permita apropiarnos del poder de la acción enfocada. He preferido dejar fuera los poemas y los aforismos para concentrarme en ideas que puedas poner en práctica inmediatamente. Pero voy hacer aquí una excepción, ya que las siguientes líneas de este poema anónimo capturan brillantemente la idea que he querido comunicar en esta sección.

Hay dos días en cada semana
sobre los cuales no vale la pena preocuparnos.
Dos días que podemos mantener
libres de cualquier temor o ansiedad.

Uno de esos días es "ayer",
con sus errores y preocupaciones,
con sus fallas y sus desatinos,
con sus dolores y quebrantos.
"Ayer" ha pasado a ser algo fuera de nuestro control.

Todo el dinero del mundo
no puede traer de vuelta el "ayer".
No podemos cambiar ninguna acción
que haya acontecido "ayer".
No podemos borrar ni siquiera
una palabra que hayamos dicho.
"Ayer" se ha ido para siempre.

El otro día sobre el cual no deberíamos
preocuparnos demasiado es "mañana",
puesto que este se encuentra
fuera de nuestro control inmediato.

"Mañana" el sol saldrá,
ya sea en medio del esplendor de un cielo azul,
o tras la máscara de un día nublado.
No obstante, saldrá.
Pero hasta tanto no lo haga,
no habremos empezado nuestro "mañana".

Nos queda solamente un día: "Hoy".
Todos podemos pelear las batallas de un solo día.
Sin embargo, cuando adicionamos a nuestro "hoy"
el peso de esas otras dos eternidades
–el "ayer" y el "mañana"–
es cuando sucumbimos.

¡Aprendamos entonces a vivir un día a la vez!

Acción enfocada:

El tiempo es el único recurso que debe ser utilizado en el instante que lo recibes. Si no haces nada con los 60 minutos que tienes frente a ti, los habrás perdido para siempre. Lo único que si podemos hacer es controlar, administrar o manejar las acciones en las cuales decidimos invertir dicho tiempo.

Quiero pedirte que pienses en una actividad de gran valor –de extraordinaria importancia para tu éxito y tu felicidad– que por alguna razón has venido posponiendo hasta ahora. Quizás sea una llamada telefónica que sabes que has debido hacer hace mucho tiempo pero que has evitado hacerla; acaso sea levantarte ya mismo e ir al gimnasio; probablemente sea enfrentar un mal hábito o una situación difícil que has evadido con mil excusas porque te saca de tu zona de comodidad. No se qué pueda ser. Tú si sabes. No pien¬ses en hacerlo mañana, no pierdas el tiempo en planearlo demasiado, no desperdicies tu tiempo contemplando todo lo que pueda pasar. Simplemente hazlo.

El factor "X"

Hoy me comprometo a: _____

_____

_____

_____

_____

_____

_____

20

PONIENDO ORDEN A TU DÍA

"La organización no va a convertir en genio a una persona incompetente, pero la desorganización puede hacer parecer incompetente hasta al más sabio de los genios".
—Dr. Camilo Cruz

...Así que alistó su mejor mazo, desarrolló un plan de acción, organizó su horario de trabajo y comenzó la faena.

¿**S**on el orden y la organización absolutamente necesarios para triunfar en la vida? ¡Absolutamente no! De hecho algunos de los más famosos logros han sido el resultado del desorden. Sí, leíste bien. Quizás el más celebre de ellos fue el descubrimiento de la penicilina por Alexander Fleming.

El pequeño y atiborrado laboratorio del biólogo escocés habitualmente estaba desordenado, ya que él tenía la manía de no botar nada a la basura y guardaba los frascos y cultivos de sus experimentos por largo tiempo.

Al inspeccionar algunas placas de cultivos antes de destruirlas Fleming notó que debido a la frecuente contaminación, resultado de las condiciones poco estériles de su laboratorio, un hongo había crecido espontáneamente en una de las *placas de Petri* (un recipiente redondo, de cristal o plástico) en la que había sembrado ciertas bacterias con las que venía trabajando. Observó que el hongo (más tarde identificado como *Penicillium notatum*) produjo una sustancia natural con efectos antibacterianos: la penicilina.

Una anécdota cuenta que años más tarde, mientras visitaba un ultramoderno laboratorio, provisto de aire acondicionado y condiciones estériles e ideales para la investigación, su guía anotó: "Que tristeza que usted no hubiera contado con un lugar como este para sus primeras investigaciones. Imagínese lo que hubiese podido descubrir". "No la penicilina", respondió Fleming sonriendo.

Quise compartir esta anécdota porque este es uno de los pocos casos donde el desorden actuó como catalizador del éxito. Sin embargo, ese no siempre es el caso. Para la inmensa mayoría de los demás seres humanos, la desorganización es uno de los peores enemigos de la acción enfocada. Tanto así, que en nuestro afán por lograr una mejor organización en lo personal y profesional, hemos dado origen a una nueva industria, de miles de millones de dólares al año, que comercializa todo tipo de agendas, organizadores electrónicos, cursos, *software* y toda una serie de productos y servicios cuyo fin es ayudarnos a darle más orden a nuestro día.

Aunque no dudo de la eficiencia de muchas de estas herramientas —algunas de las cuales uso en la actualidad—, la estrategia más simple la aprendí de una de esas anécdotas que encuentras en todo libro sobre el uso eficiente del tiempo.

La historia cuenta que a principios del siglo pasado, Charles Schwab, presidente de una compañía productora de acero en los Estados Unidos, estaba interesado en aprender cómo aumentar su productividad e incrementar los ingresos de su empresa. No deseaba explicaciones teóricas sobre la eficiencia; quería aprender cómo lograr más en menos tiempo, y estaba dispuesto a pagar la cantidad que fuera, dentro de lo razonable, a quien pudiera ayudarle en esta tarea.

Según se dice, Ivy Lee, quien por aquel entonces era uno de los más reconocidos expertos en el campo de la eficiencia, se le acercó con una propuesta imposible de rechazar. Lee le dijo a Schwab que podía ayudarle a aumentar su productividad en un 50% si le concedía 20 minutos de su tiempo. ¿Cuánto le costaría? Absolutamente nada, a menos que obtuviera los resultados prometidos. De ser así, Schwab le enviaría un cheque por el valor que considerara justo, de acuerdo con los resultados obtenidos.

Sobra decir que Schwab aceptó. Seguidamente, Lee le pasó una hoja y le pidió de escribiera las seis actividades más importantes que debía realizar al día siguiente. Esto le tomó algunos minutos, después de los cuales, Lee le solicitó que los enumerara y los pusiera en orden de importancia, empezando con el más importante. Una vez terminado este proceso, Lee le ordenó a Schwab mantener la lista y empezar la mañana siguiente trabajando en la actividad de mayor prioridad hasta haberla terminado. Sólo entonces podría pasar a la siguiente, y así hasta finalizar el día.

Lee aclaró que lo importante no era hacer un poco de cada cosa, o empezar por las actividades más sencillas, sino irlas completando en el orden asignado. Aquellas actividades que no se hubiesen atendido durante el día, simplemente debían tenerse en cuenta al realizar la lista del día siguiente. Schwab debía repetir este procedimiento todos los días durante los siguientes tres meses y se obligaba a enseñárselo a sus ejecutivos.

Después de tres meses, Lee recibió un cheque por $25.000 dólares, y una carta en la cual Schwab decía que aquella había sido una de las ideas más lucrativas que había aprendido. Se dice que la aplicación constante de esta estrategia le ayudó a Schwab a convertir a esta pequeña compañía acerera en la segunda productora de acero más importante del país.

La idea de empezar el día con una "lista de cosas por hacer", o *"to do list"* como se le conoce en inglés, es una manera no sólo de darle orden a cada día, sino de asegurarnos que estamos trabajando en lo verdaderamente prioritario.

¿Por qué se hace necesaria? Tan atiborrados están los días de actividades, citas pendientes, reuniones de trabajo, diligencias ineludibles, trivialidades, objetivos importantes, metas a corto plazo, prioridades, tareas sin importancia y las demás vicisitudes de la vida diaria, que a menos que logremos identificar lo verdaderamente importante, de manera que podamos comenzar a trabajar en ello primero, corremos el peligro de gastar el día en una multitud de actividades y asuntos sin importancia.

Obviamente, mi primera recomendación, antes de escribir nada en esta lista es asegurarnos que tenemos claridad en cuanto a nuestras metas (capítulo 8); que hemos eliminado las trivialidades (capítulo 10); que hemos identificado las prioridades (capítulo 11); que le hemos dicho "no" a lo innecesario y hemos delegado lo delegable (capítulo 13); y además, que estamos dispuestos a trabajar sólo en lo que sabemos que aumentará nuestra productividad personal y nos ayudará a lograr las metas y sueños que queremos lograr (capítulo 17).

Una vez hecho esto, entonces sí podemos proceder con la lista. No es necesario que sea una agenda virtual a la que te puedas conectar vía Internet desde tu teléfono celular —aunque si la tienes, esa también está bien—. Sin embargo, una agenda sencilla es suficiente. Lo único que tu organizador, agenda o cualquier otro tipo de artículo que desees utilizar, debe proveerte es el suficiente espacio para que puedas desarrollar tu lista. También es conveniente que te dé acceso a un calendario mensual y anual, y que tengas espacio para poder escribir las metas y objetivos en los que te encuentres trabajando.

¿Has escuchado alguna vez a alguien decir: "Tengo tantas cosas que hacer, que no se por dónde empezar"? La solución a este dilema es simplemente tomar unos minutos para hacer una lista de todas estas actividades y darle un orden de prioridad de acuerdo con su importancia. Esta sencilla acción de escribir todas las tareas pendientes en una hoja te permitirá empezar a tomar control de tu vida nuevamente.

Si todas tus actividades se encuentran amontonadas en tu mente, será imposible asignarles un orden de prioridad. Sin embargo, cuando las escribes todas en un lugar y las comparas, es mucho más fácil distinguir entre las que son vitales, las de menor importancia y las que son simples trivialidades. Imagínate ¿qué sucederá con tu productividad personal si haces esto cada noche antes de irte a dormir?

Seguramente que a todos nosotros alguna vez en la vida nos tocó hacer una lista de oficios por realizar, cosas que comprar o tareas por completar. A medida que íbamos terminando cada tarea, poníamos una marca o un visto bueno frente a ella. Si lo has hecho alguna vez, recordarás lo satisfactorio que es chequear cada punto y darlo por terminado.

Tu propósito es tener al final del día "vistos buenos" frente a todas tus actividades, si es posible. Cuando mires esa lista, al final de tu día sabrás que estás avanzando hacia el logro de tus metas y que estás siendo realmente productivo.

Al realizar tu lista asegúrate que haya suficientes actividades en ella, inclusive más de lo que crees poder hacer durante ese día. ¿Te has dado cuenta que cuando sólo tenemos una o dos cosas por hacer, nos toma todo el día realizarlas? Esto se conoce como la *Ley de Parkinson* –enunciada por primera vez por Cyril Northcote Parkinson en 1957– la cual dice que "el trabajo se expande para ocupar todo el tiempo que se haya designado para su realización".

Cuanto más tiempo se tenga para hacer algo, más divagará la mente, más problemas planteará sobre cómo hacer las cosas, y más razones hallará para posponerlas. La razón es sencilla, al tener pocas tareas que realizar y mucho tiempo en el cual realizarlas, la tendencia es comenzar lentamente y sin esfuerzo, y esperar hasta el último momento para acelerar y finalizar.

Este fenómeno suele suceder frecuentemente con los estudiantes cuando, por ejemplo, tienen demasiado tiempo (varias semanas o meses) para prepararse para un examen. Muchos comienzan estudiando poco las primeras semanas, debido a la gran cantidad de tiempo que parecen tener. Sin embargo, los últimos días comienzan a sentir la presión y apenas tienen tiempo suficiente para dormir unas horas.

La curva de esfuerzo crece exponencialmente hasta el día del examen.

Mi experiencia es que si tenemos más de lo que creemos poder hacer durante el día, nuestra mente será mucho más creativa en cuanto a cómo lograr todas estas actividades en esas 24 horas.

Ten en cuenta las siguientes consideraciones al organizar tu lista de actividades diarias:

1. Compara tu tiempo de mayor creatividad con tu tiempo de mayor efectividad

Al desarrollar tu lista, no olvides tener en cuenta el llevar a cabo las actividades que exigen mayor creatividad a las horas que tú sabes que eres más creativo. De igual manera, hay otras ocupaciones cuya efectividad depende en gran medida de la hora del día en que la realicemos.

En mi caso, por ejemplo, hay dos asuntos que requieren mi atención: el primero es escribir y el segundo comunicarme con algunos de mis clientes, en ocasiones telefónicamente. Yo he descubierto que soy mucho más creativo, y que las ideas fluyen mucho mejor en las primeras horas del día, así que en mi lista de labores diarias siempre me aseguro de dedicar esta parte del día a dicha actividad.

De otro lado, la experiencia y el trato continuo con mis clientes durante todos estos años me han enseñado que el mejor momento para llamarlos es en las primeras horas de la tarde, cuando su día ya está encaminado y pueden atender mi llamada sin ningún afán.

¿Qué sucede si al organizar mi lista de actividades, asigno las primeras horas de la mañana para llamarlos?

Seguramente los encontraré ocupados con sus propias labores de comienzo de día y no recibiré su total atención. En otras palabras, habré perdido por partida doble porque habré sacrificado mis horas de mayor creatividad tratando de realizar algo de manera mucho menos eficiente. Así que si deseas ser productivo debes tener esto en cuenta.

2. Asigna la prioridad adecuada a cada actividad
Revisa tu lista y asígnale la prioridad correspondiente a cada una de las ocupaciones que allí se encuentren. Asigna una "A" a las que tienen que quedar realizadas ese día. Debido a su gran importancia, deben ser las primeras que debes atender en tu día. Las ocupaciones "B" son importantes, pero no tienen la misma prioridad de las "A". Y la letra "C" está reservada para las que se harán, si hay tiempo suficiente. Sobra decir que si hay varias actividades "A", es conveniente asignarles un valor numérico que indique un mayor orden de prioridad (A1, A2...).

Una vez que hayas asignado la prioridad a cada evento tendrás en tus manos el mapa que te mostrará cómo navegar a través de tu día de la manera más efectiva. Al terminar este paso, no sólo tendrás una lista de todo lo que tienes que hacer, lo que debes hacer y lo que quieres hacer si tienes tiempo, sino que habrás asignado a cada una de estas selecciones una prioridad de acuerdo con su nivel de importancia. De esta manera, al día siguiente sabrás, no sólo qué hacer, sino algo aún más importante: por dónde empezar.

3. Mantén tu lista siempre contigo

Tu lista de actividades debe estar contigo en todo momento. Si durante el día encuentras algo que debes realizar el día siguiente, escríbelo inmediatamente. No esperes hasta determinada hora para escribirlo. Muchas veces nos sucede que recordamos algo que debemos hacer al día siguiente, pero no lo anotamos y llegado el día, perdemos una hora tratando de acordarnos qué era lo que debíamos hacer, y no lo logramos.

Así que cuando te acuerdes la primera vez, anótalo y ya puedes olvidarte de ello, y por si solo saldrá a flote el día siguiente cuando estés revisando tu lista de todo lo que tienes que hacer.

4. Prepara tu lista la noche anterior

Los expertos en administración del tiempo recomiendan planificar desde la noche anterior las actividades del día siguiente. Tomar diez o quince minutos al final del día para preparar tu lista de ocupaciones por realizar, te permitirá comenzar cada jornada sabiendo exactamente qué necesitas hacer y con qué empezar.

Pero hay otras ventajas. Saber la noche anterior lo que tienes que hacer al otro día te permite programar tu mente subconsciente con esta información, y ella comenzará a trabajar —mientras tú duermes— en proveerte el mejor plan de acción para obtener los resultados deseados.

Otro beneficio es que podrás dormir más descansadamente. Muchas veces no logramos conciliar el sueño, preocupados de no olvidar algo que debemos hacer el día siguiente. El hacer tu lista te permite eliminar esta preocupación y dormir mejor. Este control sobre tus actividades reduce el estrés y te da energía.

Adquiere este sencillo hábito y verás recompensados con creces, los minutos que le dediques a desarrollar tu plan de acción diariamente.

Acción enfocada:

Toma la decisión de empezar cada día en control de tu vida. Ten presente que los resultados que obtengas al final de cada jornada serán proporcionales al tiempo que hayas invertido en planearlo. Así que no tomes tu planeación diaria muy a la ligera. Invierte cada noche unos minutos de tu tiempo para reflexionar sobre qué es lo más importante que puedes hacer al día siguiente. Luego categoriza esta lista en orden de importancia, asegurándote de darle prioridad a todo lo que agrega mayor valor a tu vida, que te acerca a la realización de tus metas y contribuye a tu misión personal y propósito de vida.

Ten siempre presente la relación tiempo / beneficio. No permitas que las actividades de menor importancia te impidan enfocar tu esfuerzo en lo prioritario, y, sobre todo, asegúrate de utilizar tus horas de mayor creatividad y productividad en trabajar en tus metas más importantes.

El factor "X"

Hoy me comprometo a: _____

_____

_____

_____

_____

_____

_____

21

ACTIVIDAD VERSUS RESULTADOS

*"No confundamos el movimiento con el progreso.
Una mecedora se mueve continuamente pero
no avanza hacia ninguna parte".*
—Alfred A. Montapert

...De repente, ante las miradas incrédulas de todos los allí presentes, después de dar el primer golpe, sorprendentemente la roca se partió en dos pedazos, despejando el camino. Con evidente placer por haber logrado finalmente los resultados que se había propuesto, el joven tomó su mazo y partió para informar sobre la finalización del trabajo que se le había encomendado.

Yo valoro la acción. Creo que más sueños mueren una muerte lenta por falta de acción que por cualquier otro motivo. Sin embargo, también creo que muchos de nosotros, erróneamente, hemos leído y escuchado con tanta frecuencia que la acción es clave, que muchas veces cometemos la imprudencia de actuar sin pensar.

Pocas veces nos detenemos a evaluar si lo que estamos haciendo tiene sentido, si es realmente importante, o si es lo que deberíamos estar haciendo con nuestro tiempo. Se nos ha metido en la cabeza que estar ocupados es sinónimo de estar siendo productivos, pero es importante no confundir *actividad* con *resultados*.

Para poder hablar de actividad versus resultados en el contexto de la acción enfocada es necesario empezar despejando cualquier duda semántica que pueda existir respecto al significado de estos dos términos. A

estos deben ser medibles, específico

de un objetivo de gran importanc

El término *actividad* se refiere

tareas y labores utilizadas en el logro de los objetivos deseados. Y como ya vimos en un capítulo anterior, la productividad puede entonces ser definida como el valor agregado de
los resultados obtenidos dividido entre el costo de las actividades utilizadas para su logro. Esto es lo que en el mundo
de los negocios se conoce como el "retorno en la inversión".

Una vez que hemos escogido los objetivos correctos,
necesitamos enfocarnos en los resultados, no simplemente
en los medios para lograrlos. Las personas altamente productivas escogen sabiamente; se enfocan en actividades de alto
impacto que las mueven hacia el resultado deseado. Mientras
tanto, otros trabajan el mismo número de horas sin lograr
avanzar hacia el logro de resultados tangibles. Obviamente,
las actividades en las cuales ellos han escogido enfocar su
esfuerzo no tienen el mismo impacto.

¿A qué se debe que a pesar de nuestro deseo por lograr
los objetivos que nos hemos propuesto, malgastemos tanto
tiempo en actividades poco productivas, aún cuando la falta
de progreso es fácilmente observable? Un problema evidente
es que, erróneamente, hemos aprendido a ver los resultados
y la actividad como si los dos fueran logros. Y aunque los dos
pueden tener mérito, la realidad es que debemos aprender a
dar mayor valor a los resultados que a la actividad.

Las empresas exitosas han descubierto que aunque un
largo día en la oficina puede crear la ilusión que estamos
creando valor para la organización, el verdadero valor viene

lograr los objetivos propuestos. Indudablemente, muchas actividades producen ciertos beneficios; sin embargo, ¿están produciendo diferencias tangibles en la empresa? Eso es lo verdaderamente importante. Muchas personas y empresas sucumben ante la miopía de la "saturación de tareas y actividades gratificantes pero poco productivas", mientras que lo realmente significativo queda sin hacerse.

La acción enfocada deriva su poder de dos premisas igualmente importantes: (1) Tener total claridad acerca de los objetivos que perseguimos, y (2) Actuar de manera decidida y constante en el logro de dichos resultados. La ausencia de una de ellas no sólo anula su poder, sino que produce resultados totalmente opuestos a los deseados inicialmente. Tener total claridad en cuanto a lo que se quiere, pero no actuar, no nos conduce a ningún lado, mientras que el no saber hacia donde vamos a pesar de estar actuando con diligencia y constancia sólo produce frustración y desencanto.

En este capítulo examinaremos los resultados de la acción sin dirección y en el siguiente veremos lo que sucede cuando tendemos a dilatar nuestras acciones.

Al comienzo de este libro señalaba cómo muchas personas que genuinamente desean triunfar y están dispuestas a trabajar por ello, caen en la trampa de confundir "actividad" con "resultados". Y después de ver a muchos en esta situación, te puedo decir que no hay nada más triste que observar a alguien que en realidad desea triunfar, pero que por falta de acción enfocada, por no tener una idea clara de lo que desea alcanzar, gasta gran cantidad de tiempo y energía persiguiendo sueños escurridizos.

Recordemos que las metas borrosas producen resultados borrosos. Identificar con claridad los resultados que buscamos nos permitirá enfocar toda la energía en ellos. De no ser así, corremos el peligro que nos suceda lo mismo que ya descubriera Henri Fabre a finales del siglo pasado.

Fabre, entomólogo francés, condujo una serie de experimentos con un tipo de gusanos llamados orugas procesionarias. Su nombre se deriva del hecho que estas orugas suelen desplazarse siguiéndose la una a la otra, a manera de procesión, igual que lo hacen muchos tipos de hormigas. Él logró ubicar las orugas alrededor de una matera hasta que formaron un círculo donde la primera seguía a la última.

Después de verlas marchar durante un tiempo, removió la matera, y en el centro del círculo colocó algunas hojas de pino, que eran la comida común de este tipo de gusano. Sin embargo, las orugas continuaron marchando y dando vueltas en este círculo sin fin, prestando poca atención a la futilidad de su labor o a la presencia de la comida, hasta que, literalmente, cayeron muertas de hambre y cansancio.

A pesar de la aparente crueldad del experimento, la realidad es que Fabre no había interpuesto ninguna barrera que les hubiese obligado a mantener su curso, o que les hubiese impedido llegar a la comida.

Los pobres insectos habían muerto de hambre y cansancio a pesar de tener la comida a menos de dos centímetros de distancia, y gozar de la libertad de cambiar su rumbo en cualquier momento.

Lo que los había sentenciado a muerte no había sido ningún factor externo. Su hundimiento fue el resultado de haber confundido actividad con resultados. Las orugas continuaron caminando porque no tienen la facultad de parar para cuestionar si lo que hacen tiene sentido, como tampoco tienen la capacidad de medir los resultados de su marcha sin fin.

Lo realmente cruel es que mucha gente vive su vida de la misma manera. Trabajan de sol a sol y hacen lo mismo día tras día. Cometen los mismos errores, se tropiezan contra los mismos obstáculos una y otra vez, todo como resultado de no cuestionar las razones de sus acciones. No tienen objetivos claros que alcanzar y cualquier actividad les da igual ya que no tienen un rumbo o una meta fija, igual a las pobres orugas.

¿Te has detenido a reflexionar si no estarás haciendo lo mismo? ¿Cuentas con metas y objetivos claros hacia los cuales te estás moviendo? O eres el tipo de persona que tiene mil proyectos y está trabajando en todos a la vez, pero en realidad no sabe cómo le está yendo en ninguno de ellos, o si tanta actividad la está conduciendo a algún lado. Los grandes triunfadores han descubierto que la única manera de conquistar nuevas metas es adquiriendo singularidad de propósito. Sólo de esta manera podremos canalizar todas nuestras energías para lograr nuestros objetivos.

Si no tenemos metas claras y precisas o carecemos de un plan detallado para su logro estaremos viviendo la vida de la misma manera que las orugas. No te imaginas los millones de personas que viven ocupadas todo el día; parecen nunca tener un momento libre, pertenecen a cuanta organización o grupo conocen, trabajan sin descanso y tienen su agenda atiborrada de actividades y rutinas diarias. Pero al final del día, cuando se detienen a examinar si se han acercado hacia el logro de sus metas, se dan cuenta que todo lo que han hecho es estar ocupadas y que, en realidad, todas estas actividades no son parte de un plan de acción que los ayude a triunfar.

¿Tienes un plan? O vas a continuar con la misma rutina hoy, la semana entrante, el próximo mes o el año que viene, simplemente porque eso fue lo que hiciste ayer. No caigas en la trampa de creer que estar ocupado es ser productivo. Examina con frecuencia si lo que estás haciendo o estás a punto de realizar va de acuerdo con tus planes o no.

Te sorprenderá saber que hay una gran cantidad de personas que nunca se detienen a evaluar el porqué de sus actividades y quehaceres y, sin proponérselo, caen en la rutina y la monotonía de un círculo sin fin, del cual no logran escapar.

¿Crees que esta afirmación es un tanto exagerada? Compruébalo tú mismo. Para esto, te sugiero que lleves a cabo un simple experimento propuesto por David Schwartz, autor del libro *"La magia de pensar en grande"*.

Consigue una libreta de apuntes, ubícate en una calle bastante transitada y entrevista a unas cuantas personas. Empieza por saludarlos amablemente, y luego les preguntas: "¿Por qué razón se ha levantado usted esta mañana?"

Muchos de los entrevistados seguramente te mirarán de arriba abajo preguntándose de qué manicomio te habrás escapado, así que repite la pregunta y espera pacientemente la respuesta.

Es probable que muchos de ellos respondan: "Pues... porque tengo que ir a trabajar". Entonces pregúntales: "¿Por qué tiene que ir a trabajar?" La respuesta seguramente será algo así como: "Porque tengo que comer". Ahora diles: "¿Y para qué tiene que comer?"

A esta altura muchos de ellos habrán confirmado sus sospechas acerca de tu estado mental, sin embargo, algunos te contestarán: "Porque si no como será difícil seguir viviendo ¿no cree usted?" Ahora, puedes darles el golpe de gracia y preguntarles: "¿Y para qué quiere seguir viviendo?" No te extrañe que la respuesta sea algo así como: "Para poder levantarme mañana e ir a trabajar".

Realmente, por absurdo que pueda parecerte, para muchos, este círculo vicioso ha terminado por convertirse en su estilo de vida, en una rutina que ofrece pocas variantes y que termina por apagar el fuego, la pasión y el entusiasmo con que la gran mayoría empezaron sus vidas. De hecho, en una encuesta similar, las siguientes tres respuestas fueron las más populares a la pregunta: ¿Por qué va usted a trabajar el día de hoy?

- Cómo que por qué voy a trabajar, ¿qué clase de pregunta es esa?
- ¡Porque necesito comer y pagar la renta!
- ¿Qué me voy a quedar haciendo en casa?

Es triste, pero en un mundo que ofrece millones de oportunidades, más del 95% de las personas se levantarán mañana para ir a trabajar, de manera que puedan tener con qué comer, y así poder seguir viviendo, para levantarse al día siguiente, ir de nuevo a su trabajo y continuar con ese círculo sin fin.

Acción enfocada:

Muchos tenemos el hábito de actuar apresuradamente sin detenernos a evaluar si las labores y actividades en las cuales estamos invirtiendo nuestro tiempo nos conducen hacia donde queremos llegar o si, por el contrario, están limitándonos la productividad y alejándonos de nuestras metas. Escalamos aceleradamente los peldaños de una escalera creyendo que nos conducirá a la cumbre del éxito, sólo para descubrir más tarde que nos condujo a la cima equivocada.

Toma la decisión que de ahora en adelante sólo permitirás que sean los resultados que persigues los que guíen tus acciones. Una vez que tengas absoluta claridad sobre lo que deseas alcanzar, no desistas hasta haber logrado tu propósito. Para triunfar en el juego de la vida no es suficiente participar en él; tienes que estar realmente comprometido con tu misión, tus metas y decisiones. La vida sólo proporciona grandes recompensas a cambio de grandes compromisos. Paga recompensas promedio por compromisos promedio y recompensas más bajas, fracasos y frustraciones por desempeños mediocres. ¡Es tu decisión!

El factor "X"

Hoy me comprometo a: _____

_____

_____

_____

_____

_____

22

EL EXCESO DE "ANÁLISIS" PRODUCE "PARÁLISIS"

"Cualquiera que sea el camino que decidas seguir, siempre habrá quienes crean que estás equivocado y buscarán disuadirte. Seguramente surgirán dificultades que puedan hacerte pensar que tus críticos están en lo cierto. Se requiere valor para tomar una decisión y actuar sin prestar atención a lo que puedan pensar los demás".
—Ralph Waldo Emerson

...Al llegar a cierto tramo del camino se encontraron con lo que en principio parecía un obstáculo imposible de superar: una gigantesca roca atravesada en un punto por donde, necesariamente debía pasar la vía. No parecía haber manera de desviar el camino sin incurrir en gastos enormes que harían poco viable su construcción, así que decidieron que la única solución era despedazar el gigantesco peñón y removerlo del lugar.

Ya vimos qué puede suceder cuando actuamos sin detenernos a examinar si lo que estamos haciendo nos conduce a las metas que nos hemos trazado. Ahora veamos lo que sucede cuando tenemos metas y objetivos claros pero, por alguna razón, no parecemos poder dar el primer paso y salir tras ellos.

Como mencioné en el capítulo anterior, actuar sin pensar puede ser muy peligroso. Sin embargo, igualmente peligroso es limitarnos a pensar y analizar únicamente. ¿Cuál es el riesgo? El exceso de análisis suele producir parálisis.

Quiero empezar con una cifra estadística que quizás no sea de mayor interés para todos pero que, de todas maneras, ilustra la importancia de la acción decidida. Más de un 75% de los ingresos y salarios que devenga un líder empresarial están directamente relacionados con su capacidad para tomar decisiones y llevarlas a cabo.

En su libro "Piense y hágase rico", Napoleón Hill reporta cómo un estudio efectuado con más de 25.000 hombres y mujeres que habían experimentado el fracaso, puso de manifiesto que la falta de decisión era casi siempre el motivo que encabezaba la lista de las causas más comunes de la derrota.

Yo encuentro que la razón por la cual muchas personas luchan todos los días con sus dietas para bajar de peso, o sufren constantemente para mantener sus finanzas bajo control, o viven en un estado de ansiedad constante sobre cómo lograr que sus negocios crezcan, es porque están negociando constantemente las decisiones que han tomado. Nunca traducen dichas decisiones en acciones concretas.

Cuando pienso en ello, me viene a la mente una escena que con frecuencia se repetía en las películas de guerra antiguas: cuando alguien debía enfrentar el pelotón de fusilamiento, generalmente el comandante daba la orden de la siguiente manera: ¡Preparen!... ¡Apunten!... ¡Fuego!

Se me ocurre que este puede ser un buen procedimiento para lograr cualquier meta. "Prepararse" requiere determinar el objetivo que perseguimos; "apuntar" significa enfocarnos en dicho objetivo eliminando las distracciones y "fuego" es salir tras el objetivo deseado hasta lograrlo.

Estos tres sencillos pasos deberían ser suficientes para ponernos en acción, de no ser por la trampa de la parálisis por análisis, a la cual me refiero en este capítulo. Debido a ella, muchas personas se quedan estancadas en el "preparen". No logran salir de esta etapa de preparación. No terminan de decidir qué es lo que quieren o hacia dónde quieren moverse en la vida.

Otras salen de ahí sólo para quedarse suspendidas en el "apunten". El temor de fracasar y el perfeccionismo hacen que nunca terminen de mejorar, pulir, optimizar, revisar y cambiar su plan.

Sólo unas pocas personas llegan rápidamente al tercer paso: "fuego".

Uno de los mayores enemigos de la acción enfocada es el exceso de análisis. No me estoy refiriendo al análisis, la preparación y la investigación habitual que debe preceder a la acción. Me refiero a analizar las cosas más de la cuenta, a la excesiva investigación y al examen sin fin en busca de garantías absolutas; a la preparación de dos o tres planes alternos para todos los problemas que se puedan presentar; me refiero al querer contar con el apoyo incondicional de todo el mundo y tratar de lograr que todos concuerden con que la decisión que hemos tomado es acertada.

Echa a rodar tus planes. No te inmovilices pensando en todos los problemas que puedan surgir.

Muchas personas planean y ensayan su propio fracaso al malgastar una gran cantidad de tiempo anticipando lo peor. Los grandes triunfadores aceptan los riesgos que generalmente acompañan la búsqueda del éxito. El arrojo, el arranque, y el entendimiento que todo gran sueño demanda acción inmediata, es lo que distingue al ganador del perdedor. Las metas que en efecto valen la pena, muchas veces requieren tomar riesgos y estar dispuestos a aceptar las consecuencias.

Mientras mayor sea el lapso de tiempo que transcurre

entre la toma de una decisión y el momento de actuar, mayores serán las posibilidades que dicha decisión no pase de ser una declaración inocua de algo que nunca sucederá. Por eso, una vez que tomes una decisión, asegúrate de implementarla lo más rápido posible.

El mejor momento para empezar es este momento que ahora se encuentra frente a ti. Los que esperan hasta la semana siguiente, o a que termine el semestre, a que los niños salgan a vacaciones, o hasta recibir el aumento, o al año entrante; o que esperan a que cambien las cosas a su alrededor antes de empezar, raramente comienzan.

Si dedicamos demasiado tiempo a analizar en exceso nuestros planes, corremos el peligro de caer en la trampa de terminar descubriendo debilidades que quizá no existen más que en nuestra mente. Esto conseguirá hacernos sentir incompetentes y nos creará dudas acerca de nuestra capacidad para lograr los objetivos con éxito.

La espera genera preocupaciones, temores, miedos, y dudas. Y todas estas emociones negativas terminan por paralizarnos y no dejarnos avanzar. Muy pronto comenzamos a pensar en todo lo que puede salir mal, nos invade el recuerdo de las caídas que hemos experimentado en el pasado, lo cual nos paraliza aún más y crea en nosotros una baja auto-estima. Como resultado, cuando nos encontramos frente a una nueva oportunidad o un nuevo reto, dudamos de ser capaces de sortear con éxito esta nueva empresa. Rodamos una y otra vez en nuestra mente la película de nuestras pasadas derrotas y pronto desistimos de aventurarnos tras nuevas metas.

Robert Schuller, gran líder espiritual y autor de numerosos libros entre los que se encuentra, "El éxito nunca termina, pero el fracaso es definitivo", tiene una expresión que utiliza con frecuencia, que dice: "El empezar es más de la mitad del camino".

Debes empezar desde donde te encuentras hoy, no desde donde quisieras estar; empezar con lo que tienes hoy, no con lo que esperas obtener. Y más importante aún, empezar con quien eres hoy, no con quien quieres llegar a ser.

La persona exitosa es resuelta. Una vez que toma una decisión, da el primer paso.

Imagínate sentado en tu automóvil en la mañana antes de salir para el trabajo, esperando a que todos los semáforos estén en verde antes de echar a rodar tu auto. Sería absurdo; nunca saldrías. Tú simplemente sales y si encuentras un semáforo en rojo, paras, esperas y luego prosigues tu camino.

Muchos pasan su vida sentados a la vera del camino esperando que todas las circunstancias estén a su favor, y que todo esté en perfectas condiciones antes de salir en busca de sus sueños, sin comprender que todas las condiciones nunca van a ser óptimas para empezar. Cuando finalmente deciden que el momento perfecto ha llegado, descubren que alguien que decidió no esperar ya capturó dicha oportunidad. Hoy es el mejor momento de empezar. Si hay algo importante que sabes que debes hacer ya, ¡cierra el libro y hazlo!

No olvides que el hecho que una meta exista de por sí no garantiza su logro. Tus metas se hacen realidad cuando estableces actividades puntuales que te permitan comenzar a trabajar en ellas día tras día.

El secreto para alcanzar tus metas es hacer todos los

días algo que te acerque a ellas. No importa que tan grandes o bien definidas sean; para que logres alcanzarlas debes dividirlas en acciones más pequeñas que puedas llevar a cabo ya mismo. Si logras hacer diariamente, por lo menos una sola actividad que te acerque a la realización de tu meta, te mantendrás en movimiento, motivado y entusiasmado con tu plan de acción.

Practica la regla de las seis horas. Si dentro de las seis horas siguientes a la toma de una decisión no das el primer paso hacia su implementación, la probabilidad que dicha decisión llegue a producir los resultados deseados disminuye vertiginosamente. Así que, de ahora en adelante, recuerda que toda meta, todo sueño, todo objetivo y propósito que desees alcanzar debe ir acompañado de por lo menos una actividad significativa que puedas poner en práctica dentro de las siguientes seis horas. De esta manera eliminarás la parálisis que puede condenarte al fracaso.

Acción enfocada:

Conviértete en el tipo de persona que toma decisiones con rapidez. Esto no significa que no debas evaluar las diferentes alternativas y calcular los posibles riesgos antes de actuar. Sin embargo, recuerda que el exceso de análisis produce parálisis. Un plan endeble puesto en marcha hoy, es mejor que un plan extraordinario que nunca ejecutes. Recuerda la regla de las seis horas.

Uno de los problemas más comunes que enfrenta la persona promedio es que, justo después que ha tomado una decisión, aparecen decenas de distracciones, obstáculos y dificultades que ponen a prueba su compromiso con dicha decisión. Desarrolla el hábito de mantenerte firme en tus decisiones —siempre enfocado en tus metas— y no permitas que nada te detenga hasta no haber logrado los objetivos que persigues.

El factor "X"

Hoy me comprometo a: _____

_____

_____

_____

_____

_____

_____

EPÍLOGO

"El camino al infierno está pavimentado
con buenas intenciones".
—Aldous Huxley

...Cuando la compañía anunció que buscaba un contratista local que pudiera realizar el trabajo en un plazo de dos semanas, constructores y obreros locales fueron a la zona a evaluar el proyecto en cuestión, pero a pesar de su interés inicial, pronto lo rechazaron.

*G*racias por haber sido parte en este viaje de autodescubrimiento. Espero que no sólo hayas podido apreciar el valor de la acción enfocada, sino que en el camino hayas podido encontrar mayor claridad en cuanto a tu propósito de vida y a las metas que deseas hacer realidad. Si has seguido las indicaciones dadas en cada capítulo es posible que en tus manos tengas un plan bastante completo para comenzar el camino hacia la realización de tus sueños. Ya sabes dónde poner tu "X". Sin embargo, aún no has terminado. Es importante que eches a rodar tu plan de acción.

No permitas que tus decisiones se queden en buenas intenciones. No olvides que el universo premia la acción. Recuerda que la persona poco productiva no es así porque se lo haya propuesto. Es posible que tenga buenas intenciones, que quiera cambiar su vida y tenga el deseo de organizar sus actividades, pero, por una u otra razón, no ha logrado empezar. No dejes que esto te ocurra a ti. Las buenas intenciones sin acción no sirven de nada.

Es eso precisamente lo que muchas veces le ocurre a la mayoría de las personas a comienzos de año con los famosos propósitos o resoluciones de año nuevo. Ellas están genuinamente interesadas en mejorar su vida y desean empezar prontamente a trabajar en sus metas. Sin embargo, nunca logran dar el primer paso. Tienen buenas intenciones, pero no actúan.

Nuestras buenas intenciones son la manera como nosotros comenzamos a tratar de cerrar la brecha que generalmente existe entre "como son las cosas" y "como deberían ser" o "como quisiéramos que fuesen".

Sin embargo, como Huxley anota, el camino al fracaso está pavimentado con buenas intenciones. Tarde o temprano, todos terminamos por entender que las buenas intenciones no logran nada. Si tus deseos no logran traducirse en acciones concretas, no tienen ningún valor.

No estoy sugiriendo que no sea bueno tener buenas intenciones de cambiar. Si bien es mejor que no tenerlas, las intenciones sólo producirán resultados si existen acciones que las respalden y nos acerquen a lo que perseguimos. Si no es así, pueden llegar a convertirse en el peor enemigo de la acción enfocada.

De hecho, una acción concreta en dirección a nuestras metas es mucho más efectiva que muchas intenciones que nunca se materialicen. En otras palabras, una promesa es algo por cumplir y no un hecho. No obstante, el peor peligro está en encontrar satisfacción con sólo haber hecho la promesa y haber tenido la intención, así nunca hagamos nada al respecto.

Es fácil reconocer a los *bien intencionados* por su manera de hablar. Generalmente después de aceptar un compromiso es común escucharlos decir: "Te prometo que voy a empezar temprano". Sin embargo, un par de semanas más tarde los escucharás comentar: "Ya va siendo hora de empezar, antes que se me haga demasiado tarde".

Un mes más tarde nuevamente los oirás diciendo con preocupación: "Ya era hora que hubiese empezado", o "¿Por qué será que siempre me sucede lo mismo?". Y cuando finalmente pagan las consecuencias de su falta de acción, los oyes decir: "Esta es la última vez que me sucede esto", "Ya aprendí mi lección, la próxima vez va a ser distinto". Hasta que se presenta una nueva oportunidad, y en lugar de actuar decididamente los escuchas decir nuevamente: "Esta vez si voy a empezar temprano", y comienza nuevamente el círculo vicioso de las buenas intenciones.

Otra manera de reconocer a las personas que han caído víctimas de este mal es porque son las mismas que constantemente hallan consuelo en saber que podrían alcanzar mucho más de lo que sus pobres resultados muestran si no fuera por "la mala suerte" que parece perseguirlos.

O por el contrario, prefieren creer que todo está marchando a la perfección en su vida, en lugar de cerciorarse si efectivamente es así. Rara vez se autoevalúan para mejorar su rendimiento, y prefieren ir por la vida engañándose y tratando de convencerse a sí mismas de que sus buenas intenciones son suficientes.

De hecho, es común escuchar a ciertas personas decir: "Sé que este mal hábito está destruyendo mi vida. No lo niego, pero por lo menos soy consciente de ello". El problema es que ellas creen que el ser consciente de su mal hábito es suficiente, y no es así. Si no cambiamos y corregimos los comportamientos que necesiten ser corregidos, de nada sirve que "seamos conscientes de nuestras faltas". Esta es otra forma de autoengaño.

Lo peor de todo es que la persona que siempre está compartiendo sus buenas intenciones de *hacer* pero nunca *hace*, adquiere fama de charlatán.

De repente encuentra que otros están diciendo a sus espaldas cosas como: "Mucho cuidado, porque él te está diciendo que va a hacer aquello, y él tiene buenas intenciones, pero de ahí no pasa", o "Yo no me confiaría tanto de lo que él te promete que va a hacer", o "Mucho cuidado, porque ella tiende a hablar mucho y a hacer poco".

¿Cuál es la lección? Convierte en acción tus buenas intenciones. Entiende que voluntad no es sinónimo de acción. La valentía de haber aceptado un gran reto es admirable, pero por si sola no garantiza la conquista de dicho reto. Te imaginas si el joven de nuestra historia hubiese abandonado su labor después de darle unos cuantos golpes a la roca y hubiese dicho: "Bueno, por lo menos tuve la intención de romperla. Eso ya es algo...." A lo mejor esto le hubiese servido de consuelo por algún tiempo, pero la verdad es que el objetivo habría seguido sin cumplirse.

El materializar nuestras buenas intenciones requiere de la firme decisión de actuar con prontitud, a cabalidad y hasta que el objetivo se haya logrado. Es así de simple. Si no estás dispuesto a hacer esto, olvídate de tus buenas intenciones. Así te evitas dolores de cabeza tú y se los evitas a los demás.

Lo que he querido compartir contigo en este libro son más que simples técnicas y procedimientos para rendir más. El poder de la acción enfocada te puede ayudar a ganar esa carrera que todos parecemos estar corriendo contra el tiempo. Y cuando digo "ganar la carrera", me refiero a tomar control de tu vida.

Tu tiempo es en realidad la posesión más valiosa que tienes. Hoy cuentas con más tiempo en tu vida del que tendrás mañana y esa sola razón hace del día de hoy un tesoro demasiado valioso para que lo desperdicies.

Tú puedes perder y volver a ganar un amigo; puedes perder tu dinero y recuperarlo de nuevo; algunas de las oportunidades que se te han escapado —no todas—, pue den presentarse nuevamente más adelante, pero las horas perdidas, se habrán ido para siempre y lo único que quedará es la incertidumbre de todo lo que pudiste haber hecho con ellas.

Hace mucho tiempo escuché la definición de la palabra "infierno", y debo confesarte que me asustó tanto que desde ese preciso instante decidí actuar siempre con prontitud y no permitir que mis buenas intenciones sabotearan mi éxito. La definición decía: "Infierno es llegar al final de tu vida y encontrarte cara a cara con la persona en la cual pudiste haberte convertido".

Utiliza esta poderosa herramienta para alcanzar tus sueños más anhelados y lograr tus metas más ambiciosas. Aférrate a tus sueños y desarrolla la disciplina que sólo los triunfadores suelen poseer. Pon en práctica estos principios, y si lo haces, estoy seguro que muy pronto tú y yo nos veremos en la cumbre del éxito.

Herramientas para Triunfadores

La Vaca
Dr. Camilo Cruz
ISBN: 1-931059-63-2
192 páginas

En el libro La Vaca del Dr. Camilo Cruz, la vaca representa toda excusa, miedo, justificación o pretexto que no les permite a las personas desarrollar su potencial al máximo y les impide utilizar el máximo dc su potencial para construir empresas exitosas. De acuerdo al Dr. Cruz "El verdadero enemigo del éxito no es el fracaso, como muchos piensan, sino el conformismo y la mediocridad.

Todos cargamos con más vacas de las que estamos dispuestos a admitir; ideas con las cuales tratamos de convencernos a nosotros mismos y a los demás que la situación no está tan mal como parece; excusas que ni nosotros mismos creemos, con las que pretendemos explicar por qué no hemos hecho lo que sabemos que tenemos que hacer".

El doctor Camilo Cruz, es considerado como uno de los escritores de mayor trascendencia en nuestro continente en el campo del desarrollo personal y el liderazgo. Sus más de 30 obras, con ventas de más de un millón de ejemplares, lo han convertido en uno de los escritores latinos más prolíficos en los Estados Unidos. Su libro La Vaca recibió el Latino Book Award, como el mejor libro de desarrollo personal en español en los Estados Unidos.

Herramientas para Triunfadores

Si el éxito es un juego, éstas son las reglas
Chérie Carter-Scott, Ph.D.
240 páginas

Contrario a la creencia popular, el éxito no consiste simplemente en hacerse rico y famoso. Chérie Carter-Scott, Ph.D., afirma que todo el mundo tiene su propia definición personal de éxito y esto puede implicar, en algunos casos, tener su propio negocio, criar hijos felices y saludables, tener más tiempo libre, conseguir buenas calificaciones en los estudios o llegar a ser presidente. En este libro, "Si el éxito es un juego, éstas son las reglas", Chérie aborda los temas que conducen a llevar una vida plena. Ella le ayudará a definir lo que el éxito significa para usted, y luego, en diez reglas simples, le indicará cómo alcanzarlo. Ilustrado con historias motivadoras y escrito con el tono cálido y atrayente de Chérie, el libro "Si el éxito es un juego, éstas son las reglas", es la guía perfecta para su viaje en la búsqueda de la realización de sus sueños.

Chérie Carter-Scott, Ph.D., es autora del libro número uno en ventas del New York Times, "Si la vida es un juego, éstas son las reglas", es conferencista en temas de motivación, agente de cambios organizacionales, consultora, y autora de otros siete libros. La doctora Carter-Scott vive en Nevada con su esposo Michael.

Herramientas para Triunfadores

**Consiga más Referidos
¡Ahora mismo!**
Bill Cates
ISBN: 1-607380-05-6
240 páginas

Si usted quiere atraer prospectos de mayor calidad y cerrar más ventas de las que nunca antes había imaginado, no trabaje duro, trabaje inteligentemente – Consiga más Referidos ¡Ahora mismo!
En el mundo de los negocios de hoy, las ventas son un desafío cada vez mayor. Sin embargo, el secreto para tener éxito no consiste en extensas jornadas de trabajo y cientos de llamadas telefónicas, sino en obtener mejores referidos. El experto en ventas Bill Cates nos enseña un sistema de mercadeo basado en referidos, que convierte cada contacto de negocios en una relación, y cada relación en un venta exitosa.
Usted aprenderá cómo:

- Vender sin preocuparse por el sistema de listado telefónico "Do-Not-Call".
- Utilizar las redes estratégicamente para mejores resultados.
- Desarrollar una mentalidad fuerte orientada a los referidos y mucho más.

"En los tres meses, desde que implementamos el sistema de mercadeo basado en referidos de Bill Cates, hemos experimentado un incremento sin precedentes en las ventas. Este sistema definitivamente funciona". - Vincent Arena – Vicepresidente Ejecutivo FDLIC

Herramientas para Triunfadores

**Descubriendo
Triunfadores**
Alan Loy McGinnis
ISBN: 1-931059-23-3
216 páginas

En el proceso de escribir este libro, Alan Loy McGinnis estudio distintas temáticas. Estudio los grandes líderes de la historia y aquellas características especiales en ellos, estudio varias organizaciones y empresas que se caracterizaban por ser las más efectivas y estudio las teorías motivacionales de algunos de los más importantes psicólogos de la actualidad.

Utilizando casos de estudio y anécdotas fascinantes, el autor nos explica cómo podemos cada uno de nosotros poner en práctica doce principios en cada una de las áreas de nuestra vida, y obtener de esta manera, la satisfacción que viene de desarrollar el potencial en aquellos que están a nuestro alrededor.

El Dr. Alan Loy McGinnis es un autor de libros bestseller, terapista familiar, consultor de negocios y conferencista internacional. Es co-director de Valley Counseling Center en Glendale, California, y es el autor de más de 50 artículos y varios libros, incluyendo: El Factor Amistad (The Friendship Factor) y Confianza (Confidence)